Geschichte/n eines Damenchors

Mein Papagei frisst keine harten Eier

Geschichte/n eines Damenchors

Herausgeberin
Gudrun Lukasz-Aden

Vorwort

Ein Fischernetz, eine Sonne, Palmenzweige, Federboas, bunte Kleider, Glitzerkram – Auftritt des Haidhauser Damenchors »Silberner Mond«. Der Saal ist voll, die Musik beginnt – *mein Papagei frisst keine harten Eier, was kann der Sigismund dafür, dass er so schön ist, ach Egon, ich hab' ja nur aus Liebe zu dir* … Die Damen stehen im Halbkreis, wedeln mit den Armen, wippen in den Hüften, haben die Schlager vergangener Zeiten mit kleinen Textveränderungen und ironischen Einschüben gespickt. Sieglinde tritt vor und bekennt, für einen Mann allein *VIEL zu schade* zu sein, Hiltrud nimmt den Ihren *an die Kandare,* Krickel beklagt, dass Männer *alles kaputt* machen. Aber für bloße Frauenpower und Geschlechterkampf sind die Damen zu weise. Sie wissen, dass es ein Dasein ohne Sehnsucht nicht geben kann. Und während sich Sonne und Mond über ihren Köpfen Gute Nacht sagen, singt Lilli das Lied von den Caprifischern, eine Schnulze fürwahr, aber in dieser Interpretation von anrührender Qualität. Denn Sentimentalität kann echt, Komik tief, Ausgelassenheit tragisch sein – weshalb die Kunst des Damenchors in Wahrheit eine ernste ist. Das Publikum spürt das in einer Mischung aus Jubel und Nachdenklichkeit. Der Damenchor liebt das Leben, deswegen liebt das Publikum den Damenchor und strömt in seine Konzerte. Das ist weit mehr als Ulk und Parodie.

Die Chordamen sind Professorinnen und Ärztinnen, Psychologinnen, Lehrerinnen, Journalistinnen, Autorinnen, Malerinnen, Hausfrauen, Freiberufliche, Angestellte, Selbständige, mit und ohne Kinder, verheiratet, geschieden, Singles und Alleinerziehende. Anna hat sie viele Male gemalt und versucht, ihr Wesen zu erfassen. Sie kennen das Leben und wissen, was Schicksalsschläge bedeuten. Man kann ihnen nichts vormachen. Aber verbittert sollen andere sein – den Chordamen ist dafür die Zeit zu kostbar. Sie helfen sich selbst – wer sollte es sonst tun? Ihr Beispiel ist Hilfe auch für andere.

Montagabend. Probe des Damenchors im Haidhauser Museum in der Kirchenstraße. Während Christlieb am Klavier um Gehör bittet und ein Grüppchen Passagen aus Liedern probiert, schwatzen andere seelenruhig oder verdrücken sich zu einer Zigarettenpause. Irgendwann wird dann doch geübt, und erstaunlicherweise sogar ziemlich effektiv. Der Damenchor erweitert sein Repertoire stetig, Arrangements und Choreographien entstehen in Gemeinschaftsarbeit. Wer den Chordamen Drill und Disziplin beibringen will, scheitert früher oder später. Sie lassen sich nicht einzwängen und verweigern sich auch dem Trend, ihren Gesang auf CDs zu bannen. Ihre Auftritte sind Unikate, und wer sie verpasst, ist selbst schuld.

Stattdessen gehen die Chordamen auf Reisen. Nach Wien oder Berlin, Budapest, Rom, Prag oder London. Auch auf Capri waren sie und haben der Insel ihr berühmtes Lied vorgesungen. Alles hat irgendwie symbolische Bedeutung. Man kann den Moment nicht festhalten, aber ihn nutzen durch intensives Leben. Die Damen vom Haidhauser Damenchor »Silberner Mond« tun das und machen sich und andere glücklich damit. *Schön war die Zeit, schön war die Zeit, SOOOO schön!*

ANATOL REGNIER
und Freund des Damenchors

GUDRUN LUKASZ - ADEN

Da könnte ja sogar ich mitsingen!

Das gibt's nur in Berlin, in München kannste das vergessen – das war meine tiefe Überzeugung, als mich – Berlinerin in München – meine Berliner Freunde mit ins »Natubs« nahmen, damals eine angesagte Studentenkneipe in Ku-Damm-Nähe, zu einem musikalischen Geheimtipp, dem »Kreuzberger Damenchor«. Das war Ende der siebziger Jahre. Dort traten sie also auf, etwa ein Dutzend lässig-laszive, im Stil der zwanziger Jahre gekleidete Berlinerinnen mit Schlagern aus den 1920er und 30er Jahren. Ein hin- und mitreißender, dilettantischer Gesangsvortrag. Dazu sei angemerkt, dass »Diletto« auf Deutsch Vergnügen heißt. Und es war sehr vergnüglich – für die Sängerinnen, fürs Publikum und vor allem für mich, die ich neben aller Begeisterung spontan dachte: Da könnte ja sogar ich mitsingen, fast ein Grund, wieder nach Berlin zu gehen. Ja, ich traute es mir zu, das Singen. Die Refrains kannte ich, aber nicht die Strophen, die so wunderbare Geschichten erzählen wie die von der »Bar zum Krokodil«, vom Papagei, der keine harten Eier frisst, vom Leo, der in Montevideo lieber Tango tanzte, als in der AG Kaffee anzupflanzen. Geschichten von zeitloser Brisanz, witzig, skurril, ironisch; intelligenter Nonsens, tiefgreifende Lebensweisheiten.

Meine Berliner Freundin Christine war eine der Kreuzberger Damen. Sie lernte fleißig alle Texte, bevor sie mitsang (das erwarten wir von unseren Neuzugängen nicht, von uns aber schon, Erwartungen, die oft lange der Erfüllung harren).

Die Berlinerinnen hatten nichts dagegen, wenn es auch einen Damenchor in München gäbe, sie wünschten viel Glück für den Start.

Dass ich weder Noten lesen noch schön singen kann, war ein ernstzunehmendes Hindernis, die Chorgründung anzugehen. Doch dann siegte die Zuversicht: Es gibt nichts Gutes, außer man tut es. Also wurde Werbung für die Idee gemacht, das Interesse ausgelotet, Freundinnen angesprochen, die diese Idee weiter trugen über die Isar. Ende Januar 1984 trafen wir uns erstmals in dem Schwabinger »Franz-Joseph-Hof«. Schon bei der Tischreservierung für 15 bis 18 Frauen zeichnete sich ab, wie so etwas von außen betrachtet wird. Der Wirt meinte, dass er keinen Nebenraum hätte, denn: Wenn viele Frauen zusammenkommen, fühlen sich die anderen Gäste oft gestört, vom Lachen, Juchzen, der akustischen Frequenz. Dass der Mann Recht hatte, wusste ich damals noch nicht …

Das erste Treffen verlief ruhig und konstruktiv. Wir wählten schon mal ein paar Lieder aus dem mitgebrachten Text- und Notenmaterial, mit denen wir starten wollten. Und ich gab weiter, was mir die Berlinerinnen an unabdingbaren Voraussetzungen genannt hatten: Wir bräuchten einen kostenlosen Übungsraum, ein Klavier, eine Klavierspielerin, eine Chorleiterin und keinen Manager. Sie hatten da ziemlich schlechte Erfahrungen, was den Manager betraf.

Dank Roswitha klappte der Start reibungslos. Davon berichtet sie selbst …

Dann begannen die Proben, weitere Noten waren gesucht und gefunden, beim Hieber am Dom, in Privatsammlungen und Archiven, kopiert und den Anwesenden in die Hand gedrückt. Los ging es. Es war chaotisch, unstrukturiert. Frauen kamen und gingen, ein harter Kern blieb – bis heute.

Andere waren genervt, konnten sich nicht vorstellen, dass aus dieser Frauengruppe etwas Harmonisches und Klangvolles hervorgehen könnte. Ich wusste es einfach, und was ich hörte, machte mich zuversichtlich. Mit voller Absicht hatte ich unserem Chor

Lieber Günter Knoll,

wir möchten uns gern für "Kitsch '84" melden. Wir - das ist
der Haidhauser Damenchor SILBERNER MOND, zehn bis 15 Damen zwischen 25 und 45 Jahren, jede im besten Alter also. Uns gibt es
erst seit Januar. Das bedeutet, daß unsere Stimmen noch ziemlich
ungeübt, aber dafür unverbraucht sind, daß nichts festgefahren
ist und uns allen das Singen noch großen Spaß macht. Auf ruhm-
reiche Singevergangenheiten kann keine von uns zurückblicken,
ein paar waren mal im Schulchor, wenige im Kirchenchor. Wir haben
noch nicht mal eine Chorleiterin, singen auch nicht zweistimmig,
sondern zehn- bis fünfzehnstimmig, zur Musik aus dem Klavier,
an dem Christlieb sitzt. Und die kann das wirklich gut.
Unser Repertoire besteht aus Liedern, die unsere alten Eltern
bzw. jungen Großeltern sangen, zum Beispiel: "Ich reiß mir eine
Wimper aus", "oh Donna Clara", "Hallo du süße Klingelfee".

keine Kassette vorgespielt, denn ich wollte, dass wir unseren eigenen Ausdruck finden. Den Namen hatten wir bereits. Inspiriert
durch Wilmas Fünfziger-Jahre-Kneipe »Silbermond« in Muse-
umsnähe nannten wir uns »Haidhauser Damenchor Silberner
Mond«, mit Genehmigung von Wilma, die sich irgendwie geehrt
fühlte, obwohl sie nicht wusste, was wir eigentlich singen. Sie
sagte immer nur: »Singt doch mal Itsi-Bitsi-Tini-Wini ...«

Als das Münchner Kitschfestival im »Hinterhoftheater« in der
»Abendzeitung« noch Gesangsbeiträge suchte, bewarb ich uns
schriftlich und wusste, dass die einfach ja sagen mussten. Denn so
etwas wie uns gab es nicht in München.

Vielen wurde Angst und Bange vor dem Coming-Out, mir
nicht, denn auch das war ein Rat der Berlinerinnen: Geht so
schnell wie möglich raus auf die Bühne, singt nicht im Hinter-
stübchen. Auftreten macht Spaß.

Es waren knapp zwei Monate Zeit. Offenbar hat dieser Termin den Kick gebracht. Am 15. Juli 1984 war es soweit. Das Einsingen, die Generalprobe, fand an einem sonnigen Sonntagmorgen bei mir zu Hause statt, niemand von außen hatte uns bisher gehört. Mein Freund Jürgen, kritisch und unbestechlich, war der erste, hob den Daumen und signalisierte: Klasse.

Und so war es auch. Lampenfieber und Schüchternheit wichen bald dem rauschhaften Gefühl des Erfolgs. Jubelnder Applaus, Standing ovations – wer von uns hatte so etwas schon mal erlebt? Eine Woche später sangen wir beim Stadtteilfest in Haidhausen, dann in Kneipen, im Haidhauser Museum, bei Geburtstagen, überall, wo man uns hören wollte.

Ganz zweifellos machte uns das Singen mehr Spaß als das Probieren. Aber das taten wir dann doch verstärkt, weil ein Event, wie man heute sagt, ins Haus stand. Wir hatten die Kreuzberger Damen nach München eingeladen und einen gemeinsamen Auftritt in der Schwabinger Theaterkneipe »Heppel & Ettlich« arrangiert. »Haste Töne« war das Motto, und weiter hieß es: ein Quarantatett aus München und Berlin. Ja, wir waren vierzig Damen, hatten natürlich nicht gemeinsam Platz auf der Bühne. Es war ein furioser Abend, jener 7. Dezember 1985 – für die Gäste und vor allem für uns, die wir uns dem Rausch der Nacht hingaben, dem Gesang und dem Trank. Den Eintritt, eine Art Aufwandsentschädigung, hatten wir für Getränke zum Hauspreis gleich wieder hergegeben.

Es folgte eine Katerstimmung, aus der merkwürdige Ambitionen bei einigen unserer Damen erwuchsen, Rufe nach Veränderung, Neuaufstellung, Umorientierung, weil der Kreuzberger Damenchor ihnen um Klassen besser erschien.

Natürlich hatten die uns einiges voraus nach zehn Jahren gemeinsamen Singens; außerdem hatten sie eine musikalische Vergangenheit auch schon vor ihrer Chorgründung. Jedenfalls meinten einige unserer Chordamen, dass alle, die nicht richtig singen können, »freiwillig« gehen sollten. Denn wir wären ja sowieso viel zu viele, inzwischen waren 25 Damen in unserem Chor. Ich war erst mal aus ganz egoistischen Gründen dagegen und auch prinzipiell, denn das war und ist ja das Besondere an unserem Chor, dass die Stimmung wichtiger ist als die Stimme. Ich fand es auch irgendwie enttäuschend, dass unser Potenzial von den eigenen Damen nicht erkannt wurde, unsere Unverwechselbarkeit, unsere Münchner Chor-Identität.

Die Gegeneinladung nach Berlin lag vor, zwei Monate später flogen wir in die Hauptstadt zum Abschiedskonzert der Kreuzbergerinnen. Sie bestritten den ersten Teil des Abends, nach der Pause kamen wir. Es fand sozusagen eine Stabübergabe statt. Und was für eine – wir wurden umjubelt, einfach weil wir frischer, fröhlicher waren, aufgekratzt und euphorisiert von Berlin und unserer ersten gemeinsamen Chorreise. Berlin, die Stadt, in der die Lieder unseres Repertoires zu Schlagern wurden, von -zig Kapellen gespielt, in Kabaretts, Revue-Theatern und in dämmrigen Dielen.

Zehn Jahre Chor – für uns damals kaum vorstellbar. Ob wir es jemals so weit bringen würden? Obwohl es auch bei uns massive Krisen gab, sind wir zusammen geblieben. Bis heute. Und es freut mich ganz besonders, dass ich in München »meinen« Chor habe und nicht nach Berlin zurückgehen musste ...

GUDRUN LUKASZ-ADEN, 1. Grundstimme

R O S W I T H A   B R A U N - L A C E R D A

Die Idee des Damenchors wird über die Isar getragen

Frühjahr 1984:

Doris Niemeyer-List ruft mich an. »Hey, Roswitha, du kennst doch die kleine Berlinerin, Gudrun, so eine Blonde, du weißt schon, die wir letzthin in der Rheinpfalz getroffen haben. Also, diese Gudrun möchte einen ganz speziellen Chor gründen, nur mit Frauen. Was hältst du davon? Du singst doch auch so gerne.«

»Na ja, das kommt darauf an, was da gesungen werden soll?« entgegne ich.

»Ich glaube, sie denkt an Schlager aus den Zwanziger Jahren, wie *Mein kleiner grüner Kaktus* oder *Veronika, der Lenz ist da.*«

Ein Dienstagabend im *Franz-Josef-Hof* (heute *Zum Spanferkel*) im Februar 1984:

Um acht Uhr abends stoße ich zu einer Tafelrunde aus circa zehn Damen, von denen mir die meisten unbekannt sind bis auf Doris, Almut und Gudrun. Man stellt sich gegenseitig vor. Gudrun steht auf und beginnt ihr Projekt darzulegen. Angeregt durch den damals existierenden *Kreuzberger Damenchor* in Berlin, fände sie die Idee toll, etwas Ähnliches in München zu starten. »Also, was wir dafür allerdings dringend brauchen, sind erstens ein Probenraum mit Klavier und zweitens eine Klavierspielerin, die Freude an alten Schlagern hat. Und drittens hört euch bei euren Freundinnen um, wer noch Lust hätte mitzumachen.« Diese von Gudrun mit eindringlichen Worten geäußerten Aufträge prägen sich mir ein und ich zergrübele mir mein Hirn, wie ich sie möglichst alle erfüllen könne.

Tags drauf Anruf bei meiner langjährigen Freundin Lydia Jackson:

»Sag mal, Lydia, hättest du Lust in einem Chor zu singen?« beginne ich mein Gespräch mit ihr. »Ja vielleicht, aber nicht unbedingt in einem Kirchenchor. Wieso fragst du?« Ich erkläre ihr, was es mit dem Gudrun-Projekt auf sich hat und dass es sich um alles andere als einen Kirchenchor handele. Im Verlauf des Gesprächs kommen wir auch auf das Problem »Probenraum mit Klavier« zu sprechen. Lydia hat dafür sofort eine Lösung parat. »Mein Freund Hermann Wilhelm betreibt in der Kirchenstraße 24 in Haidhausen ein Stadtteilmuseum. Dort steht auch ein altes Klavier rum. Den Hermann könnte ich mal fragen, ob der Chor dort proben könnte.«

Gesagt, getan! Hermann ist sofort einverstanden, und schon haben wir einen kostenlosen Probenraum, wenn auch nicht in Schwabing, so doch auf der anderen Seite der Isar in Haidhausen, einem der kommenden In-Viertel der Isarmetropole. Die Idee des Damenchores ist damit über die Isar getragen!!
Anruf bei Gudrun am selben Tag:
Ich melde meine Teilerfolge. Gudrun ist begeistert. »Jetzt brauchen wir nur noch eine Frau, die Klavier spielen kann. Vielleicht eine Musiklehrerin. Du arbeitest doch in der Schule. Da kennst du doch sicher welche« sagt sie. Tja, da bin ich schon wieder gefragt. Das werde ich wohl auch noch schaffen, denke ich.

Den entscheidenden Tipp gibt mir Hiltrud, meine jüngere Schwester, deren Ehemann Norbert in einer Rockband spielt, äußerst kommunikativ ist, daher viele Leute kennt und regelmäßig im *Heppel & Ettlich* verkehrt. »Du kennst doch die Christlieb, diese äußerst attraktive Schwarzhaarige, die häufig im *Heppel* ist. Auf deren Hochzeit hat Norbert mit seiner Band *Erding Moos* vor kurzem gespielt. Christlieb ist Klavierlehrerin, die kannst du doch mal anrufen. Ich frag Norbert nach ihrer Nummer.«

Hiltrud gibt mir die Nummer durch und da stehe ich nun. Soll ich diese Christlieb mit unserem Anliegen belästigen oder besser nicht? Ich habe Angst, dass sie ablehnt, kenne sie zwar von Weitem, aber sie kennt mich bestimmt nicht. Jemand, der so schön ist, gibt sich doch nicht mit normal Sterblichen ab, denke ich.

Anruf bei Christlieb am nächsten Tag:

Ich schiebe alle Bedenken beiseite. Mehr als nein sagen kann sie ja nicht. Christlieb hebt ab. Ich erkläre ihr, wer ich bin, woher ich ihre Telefonnummer habe und den Zweck meines Anrufs. Sie antwortet sehr freundlich in ihrer überaus netten Art, dass sie gar nicht wisse, ob sie derartige Musikstücke überhaupt spielen könne. Ich stelle fest, dass sie nicht total abgeneigt ist und überrede sie, doch einfach zur ersten Probe zu erscheinen. Alles andere würde sich dann schon ergeben.

Und es hat sich ergeben!!! Der *Haidhauser Damenchor Silberner Mond* besteht nun schon seit 25 Jahren mit unserer Christlieb an der Spitze!

Mein Fazit:

Auch ich habe dem Chor die Treue gehalten. Ich bin nun seit der Gründung an jenem Abend 1984 im Franz-Joseph-Hof dabei. Die Gründe, warum ich bisher nie an ein Aufhören gedacht habe, sind viele:

Der Chor gibt mir Dinge, die ich niemals sonstwo gefunden hätte, mir aber sehr wichtig sind: Gemeinsam mit anderen auf der Bühne zu agieren, Schlager aus einer anderen Zeit mit Texten zu singen, die zum Teil auch heute noch aktuell sind, und die Zuhörer damit zu erfreuen.

Bewundert zu werden, dass man sich etwas traut, was andere auch gerne tun würden.

Aus dem täglichen Einerlei herauszutreten, sich zu verkleiden, in andere Rollen zu schlüpfen, Applaus entgegenzunehmen, unbeschwert zu feiern, zu lachen und mit den Chorfreundinnen zu verreisen, ohne sich um etwas kümmern zu müssen, in schwierigen Lebenssituationen mitzufühlen und Mitgefühl entgegengebracht zu bekommen. Das alles und vieles mehr würde ich vermissen, hätte ich nicht den Chor, der über die Jahre hinweg ein wichtiger Bestandteil meines Lebens geworden ist.

ROSWITHA BRAUN-LACERDA, 1. Stimme

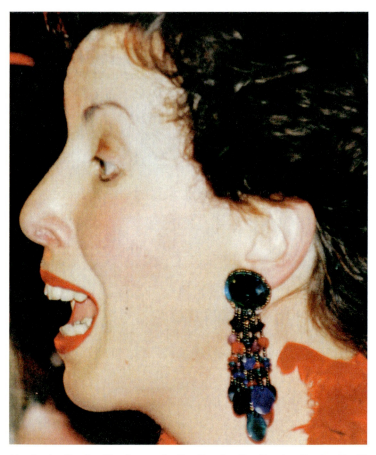

HILTRUD STOCKHAUSEN

Ohne den Chor wäre ich nicht die, die ich heute bin

Eine der wichtigsten Personen in meinem Leben ist meine Schwester Roswitha, ein Gründungsmitglied der ersten Stunde. Als die Jüngste von drei Mädchen und einem älteren Bruder war ich das Nesthäkchen der Familie, bis mir im Alter von vier Jahren ein jüngerer Bruder diese Stellung streitig machte.

Ab diesem Zeitpunkt fühlte ich mich nicht mehr so beachtet wie ich es eigentlich wollte.

Meine Vorbilder waren meine beiden großen Schwestern, bei denen ich immer mit dabei sein wollte, was mir den Spitznamen »Mausi-mit« einbrachte.

Als meine beiden Schwestern vorhatten, zwecks Arbeits- beziehungsweise Studienplatz nach München zu gehen, schaffte ich es, dort auch einen Ausbildungsplatz im textilen Bereich zu finden. Ich war damals erst siebzehn. Eines meiner Hobbys war das Umändern von Kleidungsstücken meiner Mutter und Großmutter, die ich zuhauf auf dem Dachboden unseres Pfarrhauses in Truhen, Kommoden und Schränken fand. Ich erinnere mich noch, dass ich mit einem umgeänderten Unterrock meiner Großmutter in die Schule ging, lange bevor die Secondhandmode vom Flohmarkt aufkam. Damit wollte ich Aufsehen erregen und mich von der Masse abheben.

Bei mir muss alles gut zusammenpassen. Für meine rosafarbene Auftrittsrobe zu unserem zwanzigsten Bühnenjubiläum zum Beispiel fahndete ich wochenlang nach Pumps im gleichen Farbton, die ich schließlich fand und die ich, obwohl sie reichlich teuer waren, unbedingt haben musste.

Mein zweites großes Hobby war Singen. Esther Ofarim war damals mein größtes Vorbild. So wie sie wollte ich singen und auch aussehen. Mein heimlicher Wunsch war es, eines Tages als Sängerin entdeckt zu werden.

Jahre später, als ich den Chor bei der Uraufführung im Juli 1984 im Hinterhoftheater erlebte, war ich restlos begeistert und dachte mir, da würde ich auch gerne mitmachen. Was die machen, ist genau das, was mir von klein auf vorschwebte: Singen, auf der Bühne stehen, angstfrei, nicht allein sondern mit anderen zusammen. Roswitha hatte mir schon mehrfach davon berichtet, wie toll das Ganze sei. Ich zögerte jedoch aus Rücksichtnahme auf meinen Ehemann Norbert und meine kleine Tochter Verena, die gerade erst ein Jahr alt geworden war. Norbert, der selbst Musik macht und auch vom Chor begeistert war, bestärkte mich in diesem Wunsch und verlegte sogar den Übungstermin mit seiner Rockband Erding Moos auf einen anderen Abend, damit er Montag abends, an den Chorabenden, auf die Tochter aufpassen konnte.

Damit begann mein »coming out«. Selbst Norbert staunte Bauklötze, als ich loslegte, hatte er mir doch immer mal vorgeworfen, zu wenig Eigeninitiative zu ergreifen und zu passiv zu sein. Später wurden ihm die häufigen Termine, die mit dem Chor zusammenhingen, ein bisschen zu viel. Plötzlich fühlte ich mich frei, konnte aus der Familie heraustreten, in eine andere Welt eintauchen und die Verantwortung fürs Kind, die ich sehr ernst nahm, zeitweise an Norbert abgeben. Zusammen mit den anderen Frauen konnte ich wieder unbeschwert für ein paar Stunden den Alltag hinter mir lassen und Freude und Spaß erleben.

Nicht nur für mich ist der Chor ein Ventil, ein wunderbares Gefühl, sich fallen lassen zu können, zu lachen und albern zu sein, eine ganz andere »Kiste«, die da aufgemacht wird.

Ich genieße es auch, mit meiner Schwester Roswitha zusammen etwas zu unternehmen, so wie früher als Kind. Besonders be-

reichernd sind Auftritte und Reisen mit den Damen, bei denen ich an Orte und in gesellschaftliche Kreise komme, die mir als einzelner Person verschlossen gewesen wären, zum Beispiel der Karnevalsauftritt in einem Palazzo in Venedig am Canal Grande beim Opernintendanten, Singen vor dem Oberbürgermeister Christian Ude in München oder gar vor dem einstigen Bundespräsidenten Roman Herzog, wo ich unter anderem ein Solo in »Ich weiß nicht, zu wem ich gehöre« zu singen hatte. Das Schöne ist, dass sich durch den Chor immer wieder neue Höhepunkte in meinem Leben ergeben.

Eine weitere Bereicherung, die ich durch den Chor erfahren habe, ist der Austausch mit den anderen Frauen. Durch Vermittlung von Christlieb und Krickel bin ich an eine neue Wohnung in den Isarauen gekommen. Bei Problemen aller Art finde ich immer ein offenes Ohr und gute Ratschläge bei den Damen, zumindest Mitgefühl.

Auf einem Chorfest im Haidhausen Museum lernte ich die »Königin der Nacht« kennen, eine griechische Gesangslehrerin, bei der ich daraufhin jahrelang Gesangsstunden nahm zu meiner und ihrer Seelenpflege. Pitsa und Herr Boraros, ein weiterer Gesangsspezialist, versuchten mir die richtige Atmung und eine gewisse Gesangtechnik beizubringen, wodurch sich mein Selbstvertrauen entsprechend steigerte und ich mich ab und zu breitschlagen ließ, italienische Arien zur Freude des Chors und anderen Publikums zum Vortrag zu bringen. Mein Hang zum Dramatischen und Molligen wurde damit zufrieden gestellt.

Christlieb schiebt mich solomäßig immer wieder an und fragt mich, ob ich nicht das eine oder andere Solo übernehmen möchte. Auch hier begeistert mich besonders das Hochdramatische und theatralisch Kitschige, wie zum Beispiel in dem Stück »Heute früh kam dein Abschiedsbrief«. »Reich mir zum Abschied noch einmal die Hände« hatte ich ebenfalls in Erwägung gezogen, ist im Grun-

de dasselbe, aber der »Abschiedsbrief« mit den Grundwahrheiten
der Vergänglichkeit in Liebesdingen gibt noch mehr her.

Parallel zum Damenchor war ich auch Mitglied eines Kirchen-
chors. Da wird unisono nur am Klang gefeilt, der einzelne Sänger
ist nicht interessant. So habe ich das jedenfalls empfunden. Nach
fünf Jahren hörte ich auf, da mein Bedarf an klerikalen Gesängen
gedeckt war. Wenn ich etwas mache, führe ich es konsequent
durch, da ich einen Hang zum Perfektionismus habe. Halbe Sachen widerstreben mir. Mein wichtigstes Anliegen bei einem größeren Chorauftritt ist mir der richtige Bühnensound. Daher habe
ich immer wieder darauf gedrängt, dass eine Gesangsanlage an-
geschafft wird. Gegen den Widerstand einiger Chormitglieder ist
es mit großer Unterstützung von Norbert gelungen. Nicht zuletzt
dank Norberts unermüdlichen Engagements beim Auf- und Ein-
stellen der Mikros etc. feiern wir noch größere Erfolge bei unseren Auftritten. Endlich stimmt auch der Sound!!!

Nach dem Ausscheiden von Jutta, die unseren Chor jahrelang
zusammen mit Christlieb geleitet hat und eine gewisse Struktur in
Proben gebracht hatte, fühlten wir uns aufgerufen, einen Ersatz für
Jutta zu finden. Durch den Kirchenchor lernten Erika und ich verschiedene Chorleiter kennen. Einer davon war Thomas Scherbel,
der den Anforderungen unseres oft chaotischen Chors gewachsen
ist. Thomas lässt sich durch nichts erschüttern und ist mit Freude
dabei. Er wird geschätzt und akzeptiert. Ich hätte es nicht für möglich gehalten, irgendwann einmal maßgeblich an der Gestaltung
des Haidhauser Damenchores Silberner Mond beteiligt zu sein
und dass er so eine große Bedeutung in meinem Leben haben
würde – damals vor 25 Jahren, als ich den Chor das erste Mal im
Hinterhoftheater erleben durfte.

Dass sich das alles so ergab, verdanke ich meiner großen
Schwester Roswitha, die mich in den Chor mitgenommen hat.

HILTRUD STOCKHAUSEN, 1. Stimme

ERIKA SPIESS

Erst Bach, dann
kleiner grüner Kaktus

Seit meiner Kindheit habe ich in Chören gesungen: zuerst bei den »Pfälzer Weinkehlchen«, dann in verschiedenen Universitäts- und Kirchenchören. Aber der »Haidhauser Damenchor« ist der Chor, in dem ich am längsten singe. Es wechselten die Wohnungen, die Jobs, die Männer, nur dieser Chor blieb mir seit inzwischen 25 Jahren – und das war gar nicht so klar zu Beginn.

Ich wurde von Lydia angesprochen mit den schlichten Worten, ob ich nicht Lust hätte mal im Haidhauser Museum vorbeizukommen, ich würde doch gerne singen. In der Tat, das stimmte! Aber außer meiner Sangesfreude brachte ich wenig mit, nur meistens gute Laune. Aber laut Gudrun reichte das ja.

Zu dieser Zeit hatte ich für mich beschlossen, wieder mit dem aktiven Musizieren zu beginnen, denn am Ende meines Studiums und zu Beginn des Berufseintritts hatte ich eine längere Chorpause. Ich startete parallel mit klassischer Musik und mit den Schlagern im Damenchor, sogar am gleichen Tag war mir dies zu Anfang möglich: Montagabend erst Bach, dann grüner Kaktus.

Es schien mir damals alles ganz locker im Damenchor, ich kam in unseren Probenraum und traf dort Frauen, die sich sehr bald »Damen« nannten. Viele Treffen habe ich nebelartig in Erinnerung, da die meisten kräftig qualmten. Es wurde mehr diskutiert als gesungen, aber immerhin, das dann auch mal.

Ich gönnte mir öfter »Chor-Pausen«, ich hatte dann entweder beruflich viel zu tun oder auch mal keine Lust, in den wilden, qualmenden und quasselnden Weiberhaufen zu gehen. (Über den

Ausdruck »Weiber« hat sich Krickel immer mächtig aufgeregt, schließlich sind wir ja ein *Damen*chor …)

Umso schöner war es, wieder im Chor aufzutauchen, wenig gestört durch den leicht vorwurfsvollen Unterton der Mitsängerinnen »auch mal wieder da …«, denn meist freute sich doch die eine oder andere über meine eher unspektakuläre Anwesenheit. Teilweise gab es in den ersten Jahren heiße Auseinandersetzungen um Kleider- und andere Geschmacksfragen, da mischte ich mich nicht ein. Gudrun verstand es meist, die erhitzten Gemüter zu besänftigen und einen Ausgleich zu schaffen, mit dem alle leben konnten. Das frühe Motto lautete: Jede steigt auf die Bühne, wie sie sich fühlt. Das fand ich damals toll, auch noch ganz abgeschlafft auf die Bühne schlurfen zu dürfen, diese Lässigkeit entsprach meinem damaligen Lebensgefühl.

Gudrun hatte ein untrügliches Gespür dafür, wenn ich im Abdriften war, erwischte mich immer, wenn ich wieder mal überhaupt keine Lust hatte und dachte, mir reicht es in diesem Chaotenchor. Dann rief sie punktgenau zuhause an – es hieß, für diesen Auftritt müsste ich unbedingt kommen, na ja, bei soviel Unentbehrlichkeit machte ich mich doch noch auf den Weg … Besonders Hiltrud und Roswitha ermunterten mich immer wieder, dabei zu bleiben.

Alleine wäre ich nie freiwillig auf eine Bühne gestiegen, aber in der fröhlich-bunten Damenmasse änderte sich meine Einstellung, meist wurde die Laune mit Sekt gehoben, ich versteckte mich etwas weiter hinten. Man ermutigte sich gegenseitig, lobte Outfit und Aussehen, und die Lieder taten ihr übriges. Bei den Soli habe ich mich zurückgehalten, denn dieses Aus-dem-Chor-Hervortreten sorgt für weiche Knie bei mir – und wir haben doch so viele talentierte und engagierte Solistinnen! Stress reicht mir in der Arbeit, in der Freizeit soll das Vergnügen regieren.

Hiltrud ist als Solistin meine besondere Favoritin, da sie längere Liedpassagen alleine schön mit Ausdruck singt (»Frühling kommt, der Sperling piept, Duft aus Blütenkelchen, bin in einen Mann verliebt und weiß nicht, in welchen«), auch einmal ein ganzes Lied (»Liebe war es nie«, mit toller Geste am Schluss, wenn der Abschiedsbrief ins Publikum geworfen wird. Leider wird dies viel zu wenig aufgeführt, ich freue mich immer so auf die einzige Chorpassage, wo alle nur »Sonderbar« singen), das wird sowohl im Chor als auch draußen vom Publikum frenetisch gefeiert. Nicht zu vergessen Lilli mit ihrer tiefen Stimme und der unnachahmlichen Interpretation der »Capri-Fischer«.

Inzwischen gibt es fast eine Inflation der Soli, jede singt mal ein kurzes oder längeres Solo. Die vielen Soli machen aber auch das Singen schwieriger, man vergisst, wann wer wo ein Solo singt. Besonders bei den alten Liedern, die wir noch alle zusammen gesungen haben – oder nur kurz die tiefen und hohen Stimmen im Wechselgesang – findet manche »alte« Chorsängerin dies lästig, wenn die gewohnten Routinen durchbrochen werden. Auf jeden Fall ist gewiss: Wer unbedingt ein neues Solo möchte, in dem er seine innerste Seele nach außen kehren kann oder das ihn an einen Liebhaber erinnert (»der Schuft!«) und wer dabei auch noch zäh und beharrlich ist, dem wird es gewährt.

»Wer ungeschminkt und abgehärmt den Männern die Pantoffeln wärmt, der macht es ganz verkehrt« – Das wurde dann auch für mich zum Motto, das heißt on stage bzw. kurz davor wird der Schminkkoffer ausgepackt, jede ungepuderte Nase bearbeitet, in letzter Sekunde noch der passende Hut aufgesetzt und zurechtgerückt. Das hebt die Laune, und da dies nicht als Konkurrenzveranstaltung gesehen wird, verwandelte sogar ich, die ich die Bequemhose liebe, mich in einen bunten Tupfer oder einen männermordenden.Vamp.

Selbst zu solistischen Einlagen: »Mal Schleier um, mal wenig an, das lockt den Mann, das reizt den Mann« habe ich es gebracht – nach dem Motto: Du brauchst doch auch mal ein Solo! Ich konnte mich ja nie für eines entscheiden, da mir nichts passend erschien und alle anderen wilder entschlossen waren als ich.

Als Chorsängerin lebe ich für eine kurze Weile in einer anderen Welt, in der Welt dieser schrägen und witzigen Lieder (»Mein Papagei frisst keine harten Eier«); und besonders nett ist es doch, wenn sich das Publikum zum Lachen hinreißen lässt. Gerade die schwierigen Auftritte hatten unter diesem Aspekt ihren besonderen Reiz für mich: In der Psychiatrie, wo die Gesichter so starr waren und dann doch plötzlich einer lachte. Oder wenn der Chor so zwischen Suppe und Hauptgang als Überraschungsgast eingeschoben wurde: »Wir sind Domestiken« sagte Hiltrud dann immer ganz trocken, wenn wir in irgendeiner Abstellkammer auf den Auftritt für einen betuchten achtzigjährigen Jubilar warteten. Mancher feine Herr und manche Dame fühlten sich beim Speisen belästigt, schauten pikiert und mussten dann aber doch irgendwann lachen.

Dass das Publikum so wichtig werden würde, hätte ich vor 25 Jahren nicht gedacht, als ich mich noch weigerte, vor Publikum zu singen bzw. aufzutreten. Aber jetzt genieße ich schon auch den Beifall und die erstaunte oder belustigte Mimik der Zuhörer. Einen Auftritt in der Stadtbibliothek habe ich in besonders schöner Erinnerung: Kinder, die von uns Autogramme wollten. Viele Frauen finden sich in unseren Liedern wieder: »Ich weiß nicht, zu wem ich gehöre ...« Ja, es ist schon sehr heterogen, das Publikum, die Reichen und Feinen, gelegentlich sind wir auch im Altersheim aufgetreten oder auf Stadtteilfesten, die vielen Kinder, die sich in der ersten Reihe tummelten, das war idyllisch. Wenn ich an den Beginn unserer Auftritte zurückdenke, habe ich damals das Publikum in einer Rauchschwade wahrgenommen. Früher schien mir besonders das männliche Publikum begeisterungsfähiger, auch glaubte ich viel mehr Männer im Publikum zu sehen als heute, aber das kann täuschen ...

Musik ist meine Magie im Alltag und ich halte ihn dadurch besser aus. Als Kontrastprogramm singe ich weiterhin in Chören, die klassische Musik aufführen, mitunter sind es Kirchenchöre, die sind strenger, freudloser, dafür (meistens) richtig im Ton. Das ist wichtig für die Erzeugung schönen Wohlklangs. Darum geht es im Damenchor nicht, da dominiert der freche Text und dessen Präsentation. Musik in der Kirche dagegen erzeugt Ehrfurcht, Andacht, Freude (Weihnachten) und Trauer (Karfreitag). Es ist das Seltsame, dass mein Vater, den ich kaum kannte, weil er früh verstarb, genau dieselbe Leidenschaft hatte: Er sang gerne – in Kirchen und in Kneipen!

Es gelang mir immer wieder, sowohl Damen des Damenchors in klassische Konzerte zu locken (zumeist in Kirchen, dort wirken sie wie bunte Punkte) und umgekehrt, Frauen aus den Klassikchören oder Arbeitskontexten zu unseren öffentlichen Auftritten zu bringen. Hier war die Begeisterung meist sehr groß. »Lustig«, »ein schöner Abend«, »das würde die Kirchen mal füllen« lauteten die Kommentare. Auch Beobachtungen wie »Eine bewegt sich so witzig« (Krickel!) oder: »Da sind so viele unterschiedliche Frauen auf der Bühne, dicke wie dünne, lange wie kurze, blonde wie braune.«

Wenn ich anderen vom Chor und seinen Liedern erzählte, stieß dies besonders bei Frauen auf große Neugierde und Begeisterung. Jedenfalls: Ohne den Chor hätte ich diese vielen Liedtexte nicht im Kopf, die mir dann auch in ganz unpassenden Situationen einfallen und mich zum Schmunzeln bringen. Ich wäre nie in verräucherte Kneipen gekommen, in den Golfclub oder anderes Mondänes. Es gab schöne Feste, viele Damen waren großzügig und herzlich mit ihren Einladungen in ihre Wohnungen und Häuser, verbunden mit gutem Essen und Trinken. Freundschaftlicher Austausch und gemeinschaftliche Unternehmungen wie die vielen Chorreisen sind unschlagbare Erinnerungen! Die bleiben mir, auch wenn es irgendwann kräftemäßig nicht mehr reicht, um auf die Bühne zu krabbeln – aber Vorsicht, wir kommen auch am Stock, wenn uns danach ist!

ERIKA SPIESS, 1. Stimme

CHRISTLIEB GILKA-BÖTZOW-KRÖTSCH

Diese verzwickten Harmonien –
die muss man ja richtig üben

Roswitha rief mich an: »Ich habe gehört, dass du Klavier unterrichtest. Wir bräuchten dringend eine Pianistin. Wir wollen einen Chor gründen, einen Damenchor mit Schlagern.« Da habe ich nur gelächelt, Schlager? Sehe ich etwa so aus? Ich spielte eigentlich nur klassische Musik und war nicht sehr interessiert – aber neugierig. Dann nannte sie mir noch als Beispiel das Lied »Oh Donna Clara«, das kannte ich von meiner Mutter, das fand ich schön. Lieder der 20er Jahre gefielen mir schon ein bisschen mehr als normale Schlager. Also meinte ich: »Gib mir mal ein paar Noten.«

Das tat sie. »Mein Papagei frisst keine harten Eier«, »Oh Donna Clara«, »Was machst du mit dem Knie, lieber Hans« und »Ich reiß mir eine Wimper aus«. Ich kannte jeweils den Refrain, las mir die Texte durch, sah mir die Noten an – und wunderte mich: Diese verzwickten Harmonien – die muss man ja richtig üben. Ich bekam Spaß daran und kam geübt in die erste Chorprobe.

Ich setzte mich ans Klavier und begann zu spielen. Die Chordamen – es waren an jenem Abend acht bis zehn in jedem Alter, die mir damals aber ziemlich alt vorkamen (ich war 35 und fühlte mich sehr jung) – sangen einfach drauflos. Ich versuchte, ihnen die Melodie gut einzuprägen. Da ich ziemlich flott und mit Schwung spielte, hatten die Damen viel Spaß. Es klang schon bald recht gut. Ich merkte, dass nur wenige richtig sangen, aber ich amüsierte mich, besonders auch über die Freude und Stimmung, die die Damen beim Singen hatten. Und ab da hatten wir fast jeden Montag ein neues Lied und einen neuen Ohrwurm.

Den Proben-Montagabend musste ich mir freikämpfen.

Meine Tochter war elf Jahre alt, mein Sohn noch nicht mal eineinhalb.

Seit ich 25 Jahre alt bin, verdiene ich mein Geld als Klavierlehrerin. In der Schule hatte ich aufgehört zu unterrichten, weil ich
dort als allein stehende Mutter zu wenig verdiente und außerdem
zu wenig Zeit für meine Kinder hatte. Fortan unterrichtete ich pri-
vat. Meine Schüler waren mein großes Hobby, meine große Liebe
und Entspannung. Und dann kam der Chor als noch größere
Liebe, Hobby und Entspannung dazu. Ich empfand meinen Beruf
nie als sehr anstrengend, er hat mich immer bereichert. Große berufliche Ziele hatte ich nicht. Ich wollte immer nur, dass die Schüler Freude am Musizieren haben und dadurch ausgeglichen und
fröhlich werden. Dennoch war ich anspruchsvoll und forderte je
nach Musikalität und Begabung immer viel von meinen Schülern
wie vom Chor, um dann wieder locker zu lassen.

Der Haidhauser Damenchor Silberner Mond ist meine Leidenschaft, die Lieder mit ihren Texten und Melodien sind meine
Leidenschaft, die Damen mit ihren reizenden Eigenheiten, ihren
Temperamenten, ihren Sorgen und Nöten und der Fröhlichkeit
sind meine Leidenschaft.

Ich habe viele Lieder gesucht und gefunden, was nicht immer
sehr einfach war, zum Beispiel »Ich bin so scharf auf Erika«, »Ich
fahr mit meiner Klara in die Sahara«, die mein verstorbener Mann
in Leipzig für mich besorgt hatte. Wir waren im Leipziger Keller-
theater, dort gab es eine Vorstellung mit Liedern der 20er Jahre.
Ich war entzückt von diesen beiden Schlagern. Daraufhin ist mein
Mann zu den Theaterleuten hingegangen und hat ihnen mit viel
Charme und Wein die Noten herausgeluchst, die bis heute im Repertoire sind und mir besonders wichtig, meine absoluten Lieb-
lingslieder.

Von den Texten bin ich nach wie vor fasziniert, weil sie noch
immer aktuell sind, weil sie alltägliche Probleme, das Zwischen-

menschliche wie Liebe, Lüge, Treue, Verzicht, das Banale wie Äl-
ter- und Dickwerden witzig thematisieren und dabei ewig gültige
Lebensweisheiten vermitteln, wie »Du musst die Männer schlecht
behandeln«. Oder »Wo sind deine Haare?«, »Ich weiß nicht, zu
wem ich gehöre« sowieso, auch »Und am Bürotische bekommst
du das Erotische«. Schön ist, dass wir weder männer- noch frau-
enfeindliche Lieder singen, sondern über das ewig Männliche, das
ewig Weibliche, das hinan- oder herabzieht, keine zerstörenden
Texte, sondern liebevoll-ironische – das ist auch Kultur!

Wenn ich in den Chor gehe, bin ich gut vorbereitet, habe meinen roten Faden. Und schon ist der rote Faden vollkommen aus
meiner Hand, weil zum Beispiel Geburtstagssektempfang ist,
Flohmarkt oder große Liebesproblembesprechung. Und wenn ich
dann nicht ein Anfangsliedchen finde, das die Damen zum Singen animiert, geht gar nichts. Ich muss sie regelrecht locken oder
auch treiben. Und wenn ich etwas sage, erneuern will, komme ich
fast nicht durch, schon stimmlich nicht. Ich muss immer lauter
werden, weil ich mich selbst nicht mehr hören kann. Schlussend-
lich erreiche ich dann doch, dass vor einem Auftritt das Repertoire
durchprobiert wird. Da gibt es durchaus Beschwerden, die ich
nicht beachte, weil ich meine, dass bei jedem Auftritt alle Lieder
vorher einmal durchgesungen werden müssen. Das ist Gesetz.
Und hinterher ist es jedes Mal das Schönste, wenn es geklappt hat.
Übrigens: Die Damen singen alles auswendig, ohne Notenblatt
und Texthilfe und können sich so auch auf die Bewegung, Stimmung und Darstellung der Lieder konzentrieren. So wird jedes
Stück leicht und locker. Allein die spritzigen Texte, die jede Dame
auf ihre Art empfindet und ausdrückt, so als sänge sie sie zum ersten Mal, vermitteln soviel Freude, die sich unmittelbar aufs Publikum überträgt. Das ist das Geheimnis, was diesen Chor so ein-
zigartig macht.

Ich höre zu, begleite den Chor und es hat noch niemals eine

Dame versagt. Und wenn sie das geglaubt hatte, dann dachte das Publikum, dass es genau so sein sollte. Wenn ich Filme von unseren Auftritten sehe, kann ich sagen: Bis heute bin ich der größte Fan von meinem Chor. Ja, es ist irgendwie mein Chor. Und jede andere glaubt auch, dass es ihr Chor sei. Denn jede gibt soviel von sich, das Allerbeste, was sie kann, was sie empfindet (ich rede jetzt von unseren Auftritten) und ist meistens hinterher glücklich.

Der »Silberne Mond« hat mein Leben bereichert. Wenn ich traurig war, Schwierigkeiten hatte, gab es immer den Chor, die Chorproben oder einen Auftritt, der bevorstand. Dann habe ich mein Päckchen, das ich zu tragen hatte, vor die Tür gestellt, für Stunden, für die Nächte, die wir durchfeierten ...

Wenn wir es schafften, eine Hilfe als Chorleitung zu finden – obwohl ich mich immer als Chorleiterin empfunden habe –, war ich mehr als dankbar, weil dadurch viel mehr und schneller etwas entstehen konnte. Zumindest am Anfang, wenn der Respekt noch da war. Jetzt bin ich dankbar, dass wir Thomas haben, den hochmusikalischen jungen Chorleiter, der möglicherweise auch spürt, dass dieser Chor etwas Besonderes ist. Wie damals Jutta, die zwölf Jahre lang mit mir den Chor voranbrachte.

Es ist sehr wichtig, dass der Chor mitgestaltet. Ich glaube, es war und ist mein Verdienst, immer wieder zu forcieren, dass viele Soli gesungen werden, weil somit kein Lied langweilig wird und das Publikum von der Persönlichkeit jeder einzelnen fasziniert ist. Auf der Bühne wird aus jeder Chordame eine kleine Diva.

Es gab noch nie einen Auftritt, von dem die Leute hinterher sagten: Das war zu lang, zu viel. Immer wollen sie noch mehr hören. Und ich glaube, ein gutes Gefühl für das zu haben, was beliebt ist und gut ankommt.

Im Gegensatz zu einigen Damen habe ich immer Lampenfieber. Wenn eine Kamera auf meine Finger zielt, fangen die an zu zittern und ich denke sofort an Fehler, die ich machen könnte.

Dann singe ich einfach mit und mein Lampenfieber vergeht. Das war von Anfang an eine gute Methode. Durch mein Mitsingen bin ich nah am Chor, was beim Begleiten sehr wichtig ist. Aber da ich mich 25 Jahre lang lautstark bei den Proben durchsetzen musste, ist meine Stimme eine Oktave tiefer geworden – nicht allein vom Rauchen ...

Wie oft bin ich nach Hause gekommen und konnte am nächsten Morgen keinen Ton mehr herausbringen, so heiser war ich. Was haben wir gefeiert und gesungen bis vier oder fünf Uhr morgens, getrunken, geraucht. Wir sind ja jetzt richtig solide geworden, im Gegensatz zu früher sind wir oft schon um zwei Uhr im Bett ...

CHRISTLIEB GILKA-BÖTZOW-KRÖTSCH, Pianistin

Zwischen Kitsch, Kunst und Chaos

Unter diesem Titel erschien anlässlich des fünfjährigen Bestehens des Haid-hauser Damenchors Silberner Mond im Oktober 1989 in der »Frankfurter Rundschau« eine ganzseitige Reportage von Gudrun Lukasz-Aden. Vieles, was damals geschrieben wurde, hat nichts von seiner Aktualität verloren, ist bis heute gültig.

»Dieses Damenkränzchen beherrscht die hohe Kunst des richtig falschen Tons mit herzzerreißenden Liedern aus dem Berlin der zwanziger Jahre so perfekt, dass das Auge tropfte und gegen Lachmuskelkater kein Kraut gewachsen war« – das schrieb ein zufällig in einen Live-Auftritt geratener Lokalberichterstatter der »Süddeutschen Zeitung« in seinem Blatt und schwärmte weiter von der »musikkulturhistorischen Einzigartigkeit«, derer er teilhaftig werden durfte. Das Damenkränzchen ist der Haidhauser Damenchor »Silberner Mond« aus München, der vorzugsweise Schlager aus den 20er Jahren singt. Lieder aus einer Zeit, in der die Frauen die Mieder ablegten, die Röcke wie die Haare kürzten, provozierend nach der Zigarettenspitze griffen, sich verrucht gaben, dekadent und ziemlich emanzipiert. Wovon auch die Texte künden, wie zum Beispiel: »Kinder heut Abend, da such ich mir was aus, einen Mann, einen richtigen Mann« oder »Ich weiß nicht, zu wem ich gehöre« und »Ich lass mir meinen Körper schwarz bepinseln, schwarz bepinseln«. Auch alberne Nonsens-Lieder gehören zum Repertoire, wie »Mein Papagei frisst keine harten Eier« oder »Ausgerechnet Bananen«.

Man lebt so kurz und ist solange tot – das war eine Devise in den »Goldenen« oder richtiger: in den bewegten zwanziger Jahren – durchaus passendes Motto auch für diesen Chor, dem die Vermittlung solch fröhlich-ironischen Lebensgefühls wichtiger ist als musikalische Vollkommenheit.

Wo die zweiundzwanzig Damen zwischen 27 und 49 Jahren auftreten – in Kneipen, bei Geburtstagen, Hochzeiten, bei Kongressen und Tagungen – kommt Stimmung auf. Die bunt bis grell geschminkten Frauen geben ihr Bestes auf der (oft zu kleinen) Bühne. Und das ist von ziemlich unterschiedlicher Qualität.

Unverbildete Naturstimmen schwingen sich auf in tonsichere Höhen, erreichen Operettenniveau, dunkle Grundstimmen suchen, manchmal eine Oktave tiefer, nach der Melodie, dazwischen stürmen locker-lässig die Zweit- und Drittstimmen, fast schon raffiniert arrangiert, rhythmisch und textlich versetzt. Und als Fazit gibt es ein Chor-Erlebnis der besonderen Art, eine Gratwanderung zwischen Kitsch und Kunst, bei der Improvisation und Perfektion dicht beieinander liegen. Und die falschen Töne klingen richtig schön falsch.

»Hast du Lust, in einem Damenchor zu singen?« – diese Frage stand am Anfang des Chors. Wer spontan ja sagte, war dabei, ohne Vorsingen, ohne Stimmprobe. Es ging weniger um die Stimme, sondern mehr um die Stimmung und den Spaß am gemeinsamen Tun. Es kamen Frauen aus ganz München, die sich teilweise gar nicht kannten.

Vorbild war der Kreuzberger Damenchor aus Berlin, den es inzwischen nicht mehr gibt. Meine Freundin Ute und ich, beide weder Chor- noch Badewannensängerinnen, erlebten ihn in Berlin und waren hingerissen. »So etwas müsste es in München geben, da könnten wir sogar mitsingen. Schade, aber das gibt's eben nur einmal, und zwar in Berlin ...«

Wieso eigentlich? Warum sollten wir es nicht in München versuchen? Gesagt, getan. Aber dann kamen mir Skrupel: »Man kann doch nicht einfach nachmachen, was einem gefällt, das ist doch wie abschreiben ...«

Die Bedenken wurden zerstreut – von den Berlinerinnen, die überhaupt nichts dagegen hatten, dass ihre Idee in den Süden getragen wurde. Und auch von den inzwischen angesprochenen Münchnerinnen, bei denen sich die Chor-Idee bereits verselbstständigt hatte.

Ein kostenloser Übungsraum mit Klavier, das Haidhausen-Museum in der Münchner Kirchenstraße, war ebenso bald gefunden wie eine Pianistin: Christlieb, Musikpädagogin, die sich »wg. Heirat und Baby« aus ihrem Beruf zurückgezogen hatte und gern wieder etwas für sich – und die Musik – tun wollte. Viele andere kamen dazu, schauten am Montagabend bei der Probe vorbei, sangen mit und blieben teilweise sang- und klanglos wieder fern. Es war für sie offensichtlich nicht vorstellbar, dass aus diesem musikalischen Chaos irgendetwas entstehen konnte. Doch ich blieb zuversichtlich und prophezeite:»Keine Sorge, es kommt noch mal die Zeit, wo die Frauen Schlange stehen, um bei uns mitsingen zu dürfen.« Damals eine wirklich utopische Vorstellung, heute Wirklichkeit. Marsci, eine Frau der ersten Stunde, die ausgestiegen war, meinte dann auch, als sie den Chor später bei einem Auftritt erlebte:»Ich komme mir vor wie der fünfte Beatle...«

Nach nur vier Monaten Probezeit gab es ein »coming out«, bezeichnenderweise beim Münchner Kitsch-Festival im Hinterhoftheater. Das Repertoire bestand damals aus fünf Liedern. Das war der Durchbruch, ganz persönlich für jede einzelne Frau. Gemeinsam hatten wir uns vor dem Auftritt zum Einsingen getroffen, zum Mutmachen ein paar Gläschen Sekt getrunken, uns mit Herzklopfen und Lampenfieber auf die Bühne begeben. Und dann war's geschehen: Jubel, Applaus, auch von Freunden, Freundinnen, Männern und Lebensgefährten, die neugierig und ein wenig skeptisch gekommen waren, um zu sehen, was die Frauen da Montag für Montag eigentlich so gemacht hatten.

Restlos begeistert waren die Kinder, denn da machte auch mal die Mama etwas Tolles – nicht nur immer der Papa.

Seitdem ist für die »Chor-Männer«

der Montag ebenso »Chor-Tag« wie für ihre Frauen. Da sind sie nämlich für die Kinder zuständig, wissen, dass die Frau später nach Hause kommt, meist fröhlich, ein bisschen heiser, ein bisschen aufgedreht. Denn das gehört auch zu den wöchentlichen Proben: hinterher noch zusammensitzen, miteinander reden, quatschen, lachen.

Hiltrud, verheiratet, zwei Kinder, meint:»Der Montag ist für mich der einzige Abend, wo ich wegkomme. Das ist mir wichtig, und auch meinem Mann. Er findet den Chor gut und bemüht sich auch, pünktlich zu sein. Das klappt nicht immer...«

Mit dem Erfolg kamen die Konflikte, gruppendynamische wie frauenspezifische: Richtungskämpfe, Stellungskriege (wobei das wörtlich zu nehmen ist. Es geht wirklich oft darum, wer wo steht, meist steht eine der anderen vor der Nase, trotz vieler Stellproben), Grundsatzdiskussionen, Gruppenbildung, Parteinahme. Und die immer wiederkehrende Frage nach dem Selbstverständnis: Was wollen wir? Wo wollen wir hin? Denn urplötzlich taten sich verschiedene mögliche Wege auf.

Die Alternativen und dadurch ausgelösten Diskussionen kreisten um drei große Ks: Kitsch, Kunst oder Kommerz? Oder von allem etwas? Meine Meinung, es müsse bleiben, wie es von Anfang an war, das heißt ein kreatives Chaos, in dem jede Stimme – auch die falsche – ihren Platz hat, teilten einige. Andere mit größerem musikalischen Anspruch wollten »Qualität trainieren«, die falsch Singenden wenn schon nicht raussetzen, dann aber doch wenigstens in den »duahduah«-Background verbannen. Wiederum andere waren der Ansicht, jetzt wäre es an der Zeit, kräftig abzukassieren. Originelles habe schließlich seinen Preis, so auch unser Chorgesang.

Frauen und Geld – nicht nur ein Thema internationaler Untersuchungen und Frauenstudien, auch eines in unserem Chor: Soll man sich verkaufen und wenn ja, für wie viel? Die Gagenvorstellungen bewegten sich – marktgerecht pokern oder Spaß-Tarif? – zwischen dreihundert und dreitausend Mark pro Auftritt. Doch inzwischen haben sich die verschiedenen K-Gruppen arrangiert, hat sich vieles eingependelt, niemand ist ausgeschlossen, über die Gage wird von Fall zu Fall entschieden wie über Annahme oder Ablehnung von Auftritten. Nicht das Geld ist erstes Kriterium für eine Zusage, sondern der Spaß, den der Chor und das Publikum dabei haben könnten.

Die Kleiderfrage ließ sich relativ einfach regeln: Jede Frau zieht an, was ihr gefällt, brezelt und tütelt sich auf oder lässt es bleiben, je nach Tagesverfassung. Das Ergebnis ist ein Spiegelbild weiblicher Dekorations- und Verkleidungslust. Jede ist schön auf ihre Art – alles in allem ein ziemliches modisches Durcheinander, das dem gesanglichen nahe kommt.

Bei aller Individualität aber: Ohne Chorleiterin ging es auf Dauer doch nicht. Da sich aus unseren Reihen dazu keine Frau bereit fand, wurde »draußen« gesucht – und gefunden. Suzanne Andres, Schauspielerin mit Musical-Ausbildung, trat an, wie sie es selbst in ihrer Ausbildung erfahren hatte. Und verzweifelte erst mal an diesen Damen, die soviel dazwischenredeten, sowenig zuhörten, die keine Stimm- und Atemübungen machen und sich auch nicht die Stimmlagen und Tonfolgen zuweisen lassen wollten. Kurz: die keine Disziplin hatten. Doch Suzanne fand ihren Weg unter Berücksichtigung der Besonderheit dieses Chors: »Ich habe gemerkt, dass die Qualität des Chors seine Spontaneität ist. Aber Spontaneität allein ist es nicht, das ist auch Arbeit. Und die Gefahr ist, dass man mit der Arbeit die Spontaneität kaputtmacht. Das war das Schwierige: Arbeiten, ohne die Freude am Singen zu verlieren, oder noch besser: Freude darin zu finden. Ich hatte dann das Gefühl, dass sich das irgendwie von selbst reguliert. Grad' weil die Frauen sich so gesträubt haben. Hat es dann auch: Als es nämlich zu chaotisch war, haben Frauen das selbst als unbefriedigend empfunden.«

Woche für Woche, jeden Montag aufs Neue, zeigt sich der Stand der Dinge. Manchmal mehr, manchmal weniger problembehaftet. Obwohl eigentlich alle Chorfrauen regelmäßig zu den Proben kommen möchten, kommt durchschnittlich nur die Hälfte. Der wöchentliche »Schwund« ist groß – wenn auch bei Auftritten die meisten Frauen wieder auftauchen. Das liegt auch in der Natur der weiblichen Sache. Und darin unterscheidet sich diese Vereinigung wohl von jeder männlichen: Liebesglück wie Liebesleid, Trennung, Scheidung, Psychokrise werfen die Frauen ebenso zurück (oder vor), wie Schwangerschaft, Geburt, Krankheit der Kinder, berufliche Anforderungen. Vielleicht schließen sich Männer eher in Gruppen zusammen, um solchen »Alltagskram« zu vergessen, zu verdrängen – hier aber ist er jedes Mal mit auf der Tagesordnung.

Andere Umstände – inzwischen sind schon zehn »Chor-Kinder« geboren worden – sind kein Grund, sich bei Auftritten zu verstecken, im Gegenteil: Sie »illustrieren« ironisch-eindrucksvoll manche Textzeilen wie »Du süße kleine Last der Liebesnacht« und »… doch nach 'nem halben Jahr, da ließ er nichts mehr von sich hören«.

Inzwischen besteht der Haidhauser Damenchor seit fünf Jahren; die unterschiedlichsten Auftritte fanden statt, witzige wie merkwürdige, beim Münchner

Filmfest wie bei einer Kundenveranstaltung bei Siemens, zum Maitanz wie im Altersheim, bei einer Hilton-Nikolaus-Party wie beim Tango-Festival.

Wir haben nun auch gelernt, »nein« zu sagen, denn nähmen wir alle Angebote an, kämen wir überhaupt nicht mehr zum Üben. Und Üben muss sein – kreatives Chaos verlangt Training. Bei der Repertoire-Auswahl kommt's immer wieder mal zu Meinungsverschiedenheiten, zum Beispiel beim »Lied vom Regenwürmchen«. »Das doofste, was ich je gehört habe«, meint eine Frau, die andere ist hingerissen von diesem »süßen Lied«. Gar nicht so einfach, da eine Entscheidung zu treffen, denn was nützt es, wenn abgestimmt wird und einige nur mit Groll singen? Also wird an die Toleranz appelliert, finden Kompromisse statt. Wenn zwei Lieder nicht gefallen, wird lieber nach einem dritten gesucht als stundenlang diskutiert.

Und Lieder, die vielen von uns gefallen, gibt es immer wieder: »Montevideo ist keine Gegend für meinen Leo«, »Die Paula muss beim Tango immer weinen«, »Laila«. Doch beim »Fräulein Helen«, das von einigen als »frauenfeindlich« empfunden wird, schieden sich ebenso die Geister wie bei dem Schlager »Du musst die Männer schlecht behandeln, dann sind sie lieb und gut zu dir«. Die Jüngeren im Chor begehrten auf: »So ein Quatsch, so etwas Männerfeindliches singe ich nicht«, die Erfahrenen beharrten: »Ist doch witzig und vor allem: Es ist wahr:« Das Lied wurde dann doch geprobt und beim nächsten Auftritt getestet. Frauen und Männer jubelten, also ist es im Repertoire, ebenso wie der »Regenwurm«.

Dann kam das Fernsehen – und riss Gräben auf. »Roswitha und der Silberne Mond« hieß der Film in der Reihe »Lebenslinien« des BR, ein Porträt von Lutz Neumann über Chorsängerin Roswitha und den Chor. Berufstätige Chor-Frauen mochten sich mit dem Bild, das da rüberkam, nicht identifizieren, fühlten sich als

»singende Hausfrauen« diskriminiert – eine Kritik, von der sich wiederum die im Chor singenden Hausfrauen verletzt fühlten.

Es gab Verstimmungen, Austritte aus verschiedenen Gründen: Ein Mitglied hatte keine Lust mehr zu singen, eine andere Frau hatte kein Zeit, die dritte fühlte sich nicht mehr wohl bei den Frauen, einer war der Anspruch zu hoch, der anderen zu niedrig. Neue Frauen kamen dazu.

Mit dem Fernseh-Auftritt »Live aus dem Schlachthof« waren hingegen alle zufrieden – nicht so einige der kritischen Fans. Einer von ihnen sagte: »Ihr habt euch durch das Fernsehen disziplinieren lassen, damit ist der Charme des Chors perdu.« Doch die Gefahr, dass der Chor zu glatt – sprich: zu gut – wird, sieht Chorleiterin Suzanne nicht: »Keine Angst. Dem sind natürliche Grenzen gesetzt.«

Trotz oder auch wegen der gemeinsam durchlebten und durchlittenen Höhen und Tiefen ist der Chor mit den Jahren zusammengewachsen. Man kennt sich, man mag sich, steht zueinander und ist füreinander da. Immerhin: Zwei Drittel der Frauen sind seit fünf Jahren dabei, Freundschaften sind entstanden, private Reisen hat es gegeben, berufliche Zusammenarbeit, Helfen und Helfenlassen.

Christlieb, von Anfang an und immer dabei als musikalische Leiterin, wird fast ein wenig sentimental, wenn sie Chor-Bilanz zieht: »Ich glaube, dass der Chor das Leben jeder einzelnen von uns verändert, bereichert hat. Wenn ich daran denke, was mir der Chor – bei allem Frust, den es auch gab, bei allem Üben – an Positivem gebracht hat, so ist das toll: das Rausgehen, die Freiheit...«

Siggi meint: »Was sich andere in Psychogruppen mühsam und kostspielig antrainieren, geht im Chor von ganz allein, man wird freier im Schutz der Gruppe, überwindet die Schwellenangst, vor anderen etwas zu tun, sich selbst darzustellen; man traut sich etwas, das macht Mut – und Spaß.«

Angelika sagt: »Zur Zeit, wo andere Frauen in Frauengruppen gegangen sind, war ich brav verheiratet, weg vom Fenster. Der Chor war für mich eine ganz neue Erfahrung, meine Frauengruppenerfahrung – alles in allem eine positive.«

Für die Zukunft sind noch Wünsche offen: ein paar Lieder aus den fünfziger Jahren einstudieren, ein bisschen mehr Choreographie auf die Beine stellen, vielleicht sogar mal eine Revue, zusammen verreisen, in Budapest tingeln, ein bisschen mehr Disziplin aufbringen bei den Proben. Und vor allem: dass es noch eine ganze lange Weile so bleibt. Die Aussichten sind nicht schlecht: Die Kreuzberger Damen haben immerhin zehn Jahre lang zusammen gesungen.

Die Geschichte lässt sich fortschreiben. Die Zukunft von damals ist heute Vergangenheit.

Nur nicht aus Liebe weinen

Das ist ein Lied aus unserem Repertoire, das wir mit zunehmender Leidenschaft singen, weil die Textzeilen zeitweise jeder Dame aus dem Herzen sprechen: »Nur nicht aus Liebe weinen, es gibt auf Erden nicht nur den einen, es gibt so viele auf dieser Welt, ich liebe jeden, der mir gefällt ...«

Gebrochene Herzen pflastern den Weg unserer 25jährigen gemeinsamen Geschichte, gebrochene Herzen auf beiden Seiten, Frauen verlassen ihre Männer, Männer ihre Frauen, neue Lieben kommen und gehen. Die Trennungsquote ist hoch im Haidhauser Damenchor Silberner Mond. Da stellt sich die Frage nach Ursache und Wirkung. Ist es das hinzugewonnene Selbstbewusstsein, das aus den Auftritten resultiert, das Auf-der-Bühne-Stehen, umjubelt werden, Applaus einheimsen, was den Blick weitet und neue Bedürfnisse weckt? So einfach mögen es manche verlassene Männer sehen. Aktion oder Re-Aktion – wer kann das schon so genau sagen?

Aber für viele Damen war oft schon der Einstieg in diesen Chor der Auftakt zu neuen Ufern.

»Nur nicht aus Liebe weinen« hieß dann auch der 50 Minuten lange Dokumentarfilm, den Hilde Bechert für den damaligen Frauensender TM3 im Jahre 1996 mit dem Chor drehte. Ein Film, der ohne Kommentar und Stimmen aus dem Off auskam, jede Sängerin sprach für sich selbst. Herausgekommen ist das unkonventionelle Porträt eines einzigartigen Gesangsvereins.

Bei den Chordamen dominierte bei der privaten Vorab-Vorführung in Hilde Becherts Wohnung ein seltsames Gefühl: Jede schaute erstmal nur auf sich und war entgeistert bis entsetzt über das eigene ungeschminkte Aussehen, sagte: »Du siehst ja gut aus, aber wie sehe ich denn aus?«

Elf Jahre später hat sich der Blick auf diesen Film, der in der Sommerfilmreihe »Münchner Dokumentarfilmer sehen ihre Stadt« bei Heppel & Ettlich gezeigt wurde, bei den Chordamen verändert – forever young …

Wir hatten damals dann aber doch gemerkt, wie der Film ankam, wie einzelne von uns in Alltagssituationen und anderen Zusammenhängen auf diese Dokumentation und den wunderbaren Chor angesprochen wurden. Schon ein erhebendes Gefühl, wenn man in der Post Schlange steht und unbekannte Menschen fragen: »Woher kenne ich Sie?« und man lässig, nicht ganz erst gemeint, antwortet: »Von Film, Funk, Fernsehen – oder von der Bühne?«

Apropos Fernsehen – unser Chor spielte auch eine Rolle in der medialen Rezeption der jüngsten deutschen, respektive Berliner Geschichte, dem Mauerfall im Jahre 1989. »Berlin ist wieder ganz, Berlin hat wieder Glanz …« sangen wir und überquerten dabei Pappmachémauerreste, die im Fernsehstudio auf- bzw. abgebaut waren. Wir waren alle in rot und schwarz gekleidet, warum? Ich weiß es nicht mehr, eine schwarz-rote Koalition existierte damals jedenfalls noch nicht …

Gern wären wir im Osten aufgetreten, im Leipziger Kabarett »Die Akademixer« zum Beispiel, mit dem wir bereits Kontakt aufgenommen hatten. Wir stellten uns vor, »Ausgerechnet Bananen« zu singen, den weltbekannten Schlager aus dem Jahre 1923, den wir in unserem Repertoire haben, als Wiedervereinigungssong sozusagen. Aber dazu kam es nicht – der gesamte DDR-Kulturbetrieb war erstmal aus dem Gleis geraten. Die berühmten Kabaretts mussten sich neu orientieren, da das Gesellschaftssystem, aus dem sie ihre ironisch-satirischen Stoffe formten, nicht mehr existierte.

Zur »Wiedervereinigung« kam es mit einigen Ehemaligen des »Kreuzberger Damenchors« anlässlich meiner Buchvorstellung

»Sag mir, wie die Männer sind« in der Berliner Kulturbrauerei im Ostberliner Bezirk Prenzlauer Berg. Der Verlag *Das Neue Berlin* hatte nicht die Mittel, um den Haidhauser Damenchor »Silberner Mond« von München nach Berlin einzuladen, einige von uns fuhren gerne auf eigene Kosten mit, denn Berlin ist uns immer eine Reise wert. Wir trafen uns mit einigen Kreuzberger Damen und übten gemeinsam Lieder, die zum Inhalt des Buches passten, wie zum Beispiel »In der Nacht ist der Mensch nicht gern alleine«, »Ich weiß nicht, zu wem ich gehöre«, »Bel Ami«, »Wo sind deine Haare, August?«, »Was machst du mit dem Knie, lieber Hans?«, »Du musst die Männer schlecht behandeln« – ein interessantes musikalisches Treffen, aus dem allerdings keine gemeinsamen Zukunftsprojekte entstanden. Denn die Berlinerinnen hatten keine Lust mehr zu diesem Repertoire aus den 1920er, 30er und 50er Jahren, hatten sich unter dem Namen »Misstöne« auf Andrew-Sisters und Ähnliches eingesungen.

25 Jahre Haidhauser Damenchor Silberner Mond – ein Grund zum Staunen. Denn es existieren nicht viele Formationen, die über einen so langen Zeitabschnitt zusammenbleiben und ganz offensichtlich noch Spaß am gemeinsamen Tun haben, von den Rolling Stones einmal abgesehen.

Normal ist, dass sich musikalische Erfolgsgruppen auf dem Höhepunkt des Ruhmes zerstreiten, abheben, abdriften, dass einzelne versuchen, Solokarrieren zu starten – mit unterschiedlichem Erfolg. Um dann nach Jahren anlässlich eines globalen Großevents noch einmal zusammenzukommen und den Jungen und Alten zu zeigen, dass sie es noch immer drauf haben.

Aber ein Damenchor? Wo doch sowieso der Glaube weit verbreitet ist, dass Frauen auf Dauer nicht gut miteinander klarkommen, dass Neid, Missgunst und Konkurrenz über Zusammenhalt und Gemeinschaftsgefühl siegen. Partiell sah es manchmal auch in diesem Chor so aus, doch der Wunsch nach der Gesellschaft der anderen ist immer wieder da, nach Nähe und Freundschaft. Besonders die schweren Zeiten haben uns zusammengeschweißt, die Tränen und das Leid. Wir haben aus unserer Mitte Angelika verloren und Christiane. Auch andere nahe gehende Todesfälle wurden gemeinsam getragen. Geteiltes Leid ist halbes Leid – wie wahr. Und geteilte Freude ist doppelte Freude, Geburten von Kindern und Enkelkindern, Verliebungen und Verlobungen, Hochzeiten, Jubiläen. Und natürlich die Chorreisen …

Die Befürchtung, dass es den Damenchor eines Tages nicht mehr geben wird, schon aus biologischen Gründen, besteht nicht. Denn der »Silberne Mond« erneuert sich immer wieder – aus sich heraus und von außen, durch Neuzugänge, die jung sind und sich mit uns und den Liedern identifizieren können. Für die beispielsweise ist das Lied vom Papagei, der keine harten Eier frisst, ein fröhlicher Quatsch mit zeitgeistigem Hintergrund. Im Jahre 1928, als dieser Song komponiert wurde, war es offensichtlich der neueste Schrei, gefiederte Exoten im Käfig zu halten. Durch die Neuen im Chor verändert sich auch die Einstellung der Alten, der Blick aufs Repertoire insgesamt und auf diesen Vogel-Song im Besonderen. Und wir, die wir seit fünfundzwanzig Jahren mit diesem Lied jeden unserer Auftritte beginnen (zum Einsingen sozusagen) und es nicht mehr hören können, halten fest an diesem Ritual – mit zunehmender Freude. Deshalb haben wir uns auch für diesen Buchtitel entschieden.

GUDRUN LUKASZ-ADEN

MONIKA SCHIFFERDECKER

Von Ohrwürmern und Chorträumen

Überall, wo ich bin auf der Welt, träume ich vom Chor. Im letzten Urlaub träumte ich, dass Gudrun einige Chordamen mit dem Auto abholte. Immer mehr wollten mitfahren. Es war chaotisch, komisch und lustig, wie es immer im Chor ist, wenn wir etwas zusammen tun oder unterwegs sind.

Und dann sind da noch die Ohrwürmer, die mich ständig begleiten. Zur Zeit ist es »*Ich steh mit Ruth gut*« – dieses Lied verfolgt mich geradezu und ich denke dabei an eine sehr liebe Freundin. Nach unserem letzten Auftritt kam dann noch der *Jonny* dazu, der Geburtstag hat und in unserem Song Bernhard hieß. Aber Gott sei Dank achte ich nicht immer darauf, welches Lied gerade in meinem Ohr oder Kopf ist.

Der Chor ist mein Traum seit ich ihn das erste Mal erlebte – überhaupt das Singen: Zum Beispiel bin ich früher häufig in die Kirche gegangen, weil ich da so richtig aus vollem Herzen singen konnte. Eine Gänsehaut lief mir über den Rücken bei diesem kraftvollen Miteinander.

Als Kind habe ich immer viel gesungen, schon damals gingen mir dauernd Ohrwürmer durch den Kopf. Zu Hause aber passte das oft nicht, ich war immer irgendwie zu laut. Ich hatte sowieso den Eindruck, dass wir Kinder in den Jahren nach dem Krieg mit unserer Fröhlichkeit und Lebensenergie die Erwachsenen geradezu störten.

Damals kannte ich viele Schlager und Operettenmelodien aus dem Radio, denn meine Mutter hörte bei der Hausarbeit wo es nur ging Musiksendungen. Das Singen selbst war ihr durch den Krieg verloren gegangen. Früher war sie eine lebenslustige und sangesfreudige Frau gewesen – leider haben wir Kinder sie so nicht mehr kennen gelernt.

In dieser Zeit hatte ich ein Lieblingslied, das wir seit Jahren auch im Chorrepertoire haben: »*In der Nacht ist der Mensch nicht gern alleine*«. Das konnte ich komplett auswendig. Ich sang das Lied immer und immer wieder, die Bedeutung des Textes verstand ich natürlich nicht ganz, aber mir fiel auf, dass sich die Erwachsenen amüsierten. Ein Abend ist mir noch deutlich in Erinnerung: Besuch kam zu uns nach Hause und ich musste nicht wie sonst ins Bett gehen, sondern durfte im weißen, langen Nachthemd dieses Lied vorsingen. »*Jeder Mensch braucht ein kleines bisschen Liebe, gerade sie ist im großen Weltgetriebe, für das Herz wohl der schönste aller Triebe, einesteils und andrerseits und außerdem ...*«, das war mein erster Auftritt als Sängerin.

An die »Weltpremiere« des Haidhauser Damenchors Silberner Mond erinnere ich mich noch sehr gut, es war Liebe auf den ersten Blick. Ich war dabei – im Publikum. Krickel, eine Chordame der ersten Stunde, hatte mir vom Chor erzählt. Und als ich die Damen da so auf der Bühne sah, das Wogen, diese Freude, da wusste ich gleich: Da möchte ich gerne mitmachen. Etwas Schöneres konnte ich mir nicht vorstellen. Ich fand den Chor einfach toll: unprofessionell zwar, aber voller Lebenslust und Lebendigkeit, so ganz anders als die Chöre, die ich bis dahin kannte. Begleitet wurde diese Weltpremiere von den herzerweichenden Mama-Rufen einiger Kleinkinder, die mit ihren Vätern im Publikum saßen. Aber ich wusste, dass ich den Chor noch nicht in mein Leben mit Berufstätigkeit und Familie integrieren konnte, ohne in Stress zu geraten. Unser erster Sohn kam gerade in die Schule und der zweite war noch sehr klein. Krickel und ich trafen uns oft mit unseren Kindern und sprachen auch über den Chor – bei Auftritten war ich dann so oft es ging im Publikum dabei. Acht Jahre später war es dann soweit, ich kam in den Chor.

An meinen ersten Auftritt erinnere ich mich noch gut. Es war im Münchener »Lustspielhaus« zum Geburtstag von Marie Marcks. Ich war vorher regelmäßig bei den Proben gewesen, von Krickel hatte ich das ganze Liederrepertoire bekommen und Margit gab mir eine Kassette mit den zweiten Stimmen. Die zweite Stimme, quasi eine »Extramelodie«, empfand ich als Einstieg schwierig. Daher dudelte die Kassette immer und immer wieder in der Küche beim Kochen und beim Bügeln. Meine Kinder konnten es schon nicht mehr hören! Apropos Bügeln – da denke ich an das Lied, das wir alle so gerne und voller Überzeugung singen: »*Ich kann nicht bügeln, ich kann nicht stricken, ich kann nicht kochen, kann nicht waschen, kann nicht flicken …*« Mit den Texten hatte ich keine Probleme, die schrieb ich in den Computer, brachte sie in Form und für alle Chordamen mit.

Die Melodien lernte und lerne ich hauptsächlich durch Zuhören und Üben bei den Proben, denn Noten kann ich nicht wirklich lesen, die Melodie nur anhand der Linienführung erahnen:
hoch, runter, gleich bleibend. Das ist auch ein Grund, warum ich
gerne bei den Proben bin – zuhören, üben, immer wieder. Es stört
mich, wenn zu viel dazwischen geredet wird … In unserem Chor
kristallisierten sich im Laufe der Jahre interessante Schritte heraus:
Trotz immer wieder mal auftauchender Störungen zwischen einzelnen ist doch über die Jahre eine große Toleranz entstanden, eine
innerliche Entspannung, die schon erstaunlich ist bei dieser Individualität und Vielfalt, den unterschiedlichen Charakteren, Temperamenten, Befindlichkeiten und Bedürfnissen. Eine wichtige
Rolle für den Zusammenhalt im Chor spielen auch die immer wieder gesetzten gemeinsamen Ziele – der nächste Auftritt, die nächste Chorreise, das nächste Jubiläum.

Schon vom ersten Chorauftritt an begleitet mich die Lust am
Verkleiden und die Freude am Auftritt (Rampensau). Als echte

Kölnerin und Karnevalsfan gehört das In-eine-Rolle-schlüpfen von Kindesbeinen an zu meinem Leben. Und als ich dann so mit Anfang dreißig von Köln nach München zog, ließ ich diese einfachen Freuden teilweise dort zurück. Aber dann fand ich hier im Damenchor alles wieder, bei diesen unglaublich lebendigen Frauen: das gemeinsame Singen, das Verkleiden und die Freude am Leben, die wir miteinander haben können und auch sehr oft haben – weil wir Wert darauf legen. Da werden Lebensenergien freigesetzt. Und jeder, der uns bei einem Auftritt erlebt, sieht und spürt das.

Seit einigen Jahren habe ich nicht mehr Karneval in Köln gefeiert und hier in München vergesse ich sogar manchmal, dass Karnevalszeit ist. Eines Tages, für mich völlig unvermittelt, erklangen im Radio kölsche Töne: diese wunderbaren Lieder, mit denen ich aufgewachsen bin, die ich hundertmal gesungen habe, beim Karneval auf den Straßen, in Kneipen, auf Festen, mit Freunden. Es traf mich direkt ins Herz. Sehnsucht und Rührung überkamen mich und mir sind die Tränen geflossen.

Ob es mir eines Tages mit unseren Chorliedern ebenso ergehen wird?

MONIKA SCHIFFERDECKER, 2. Stimme

P.S.: Eine Postkarte aus Griechenland erreichte die lieben Chordamen: »Dieses Jahr sind ›Elisabeth‹ und das ›Schmackeduzchen‹ mit mir gereist und beide genießen mit uns das ägäische Licht, die umwerfenden Farben des Meeres, das ruhige Fließen der Tage, Motorradtouren und den Zauber der Natur.«

LILLI RICHTER

Das Tipferl auf dem i –
CAPRI!

Der erste Chorvermerk, den ich in meinen Unterlagen fand, ist der 2. Juli 1984. Angeworben hatte mich Lydia, damalige Freundin, jetzige Frau von Hermann Wilhelm, Direktor des Haidhausen-Museums in der Kirchenstraße 24, unserem Probenraum von Anbeginn des Chors.

Ich wollte auch wissen, seit wann ich das Lied von den Capri-Fischern singe. Es war im Sommer 1986. Damals wurde das kleine Stadtteil-Museum umgebaut und wir waren in einem Container auf dem Parkplatz daneben untergebracht. Yvonne, Wirtin der »Alten Kirche«, war noch bei uns. Sie machte den »Capri«-Vorschlag und mir war gleich klar: Das ist ein Lied für mich, das will ich singen.

Dann stellte ich mir die Frage: Wie lege ich es an? Das mache ich ja immer, wenn es um Soli geht. Jedenfalls trug ich dann meine Variante im Chor vor. Am 12. Dezember 1986, bei einem Auftritt im »Hofbräukeller« am Wiener Platz, sang ich das Lied zum ersten Mal öffentlich. Danach hatte ich mir notiert: Ich bin sehr gut angekommen.

Anlässlich eines weiteren Auftritts in Verbindung mit einer Modenschau des »Sarong« in der Max-Emanuel-Brauerei machten wir vorher bei Moni, Frau des Ladenbesitzers, eine Hutprobe.

Ich glaube, ich habe den größten Kopf im Chor, wörtlich gemeint, und da war eine wunderbare Kopfbedeckung einem Schiff ähnlich, die nur mir gepasst hat. Fortan war sie eine Leihgabe für dieses Lied. Bis zu meinem fünfzigsten Geburtstag – ein sehr schönes Chorgeschenk, das ich in Ehren halte, und mit dem ich nach wie vor gerne mit dem Capri-Fischer-Lied auftrete.

Aufgrund meiner Verbundenheit mit diesem Lied war es mein größter Wunsch, endlich mal die Insel Capri kennen zu lernen, bereisen zu dürfen.

Ein Vorschlag, der vom Chor aufgenommen wurde. Die nächste Chorreise ging nach Capri! Das war vom 18. bis 24. April 2001. Das war die Erfüllung meiner Träume, das Tipferl auf dem i. Seitdem ist Capri für mich *die Insel* überhaupt, weil der Liebe Gott dort alles hat fallen lassen, was blüht, all das hat sich auf diesem Felsen konzentriert, das ist überwältigend. Ich strebe es an, wieder hinzukommen ...

Der Start dieser wunderbaren Tage war schon mal in Sorrento, wo Gisela für uns in einem Restaurant mit einem traumhaften Garten mittags einen großen Tisch reserviert hatte, eine fantastische Einstimmung in das ganze mediterrane Flair.

Im Abendlicht saßen wir auf der Piazza Umberto I., wo das Herz von Capri Stadt und der ganzen Insel schlägt. Wir haben auch hier, wie bei jeder Chorreise (bis auf Prag), sehr zentral gewohnt.

Dann der Ausflug nach Ana Capri am Fuße des Monte Solaro gelegen, vorbei an den Prunkvillen, zum Beispiel Villa San Michele von Axel Munthe, die allein ist schon von fast unwirklicher Schönheit.

Ana Capri ist einmalig, insbesondere der Majolikafußboden in der San Michele Arcangelo, der die Vertreibung von Adam und Eva aus dem Paradies zeigt. Ich wollte erst gar nicht hinein, aber unsere Anna hat mich überredet, Gottseidank.

Am nächsten Tag haben wir uns die Insel erwandert bis hin zu einem alten Castell, von dem die Sage geht, dass bei Nichtmehrgefallen unliebsame Liebhaber von den Felsen ins Meer geworfen wurden.

Höhepunkt war dann die Blaue Grotte. Wegen Hochwasser war es unmöglich, in die Grotte hinein zu fahren, wir sahen sie

nicht einmal. Touristenbusse waren ferngeblieben, also saßen wir ganz allein bei strahlendem Sonnenschein im Restaurant, sangen für uns und das Personal die »Capri-Fischer« und das Lied von der »Grotta Azurra«. Zu meinem Geburtstag hatten mir die Chorfreundinnen heimlich eine Kette mit passendem Armband aus Muranoglas auf Capri gekauft. Ich habe es zu Hause immer im Blick, dieses wunderbare Andenken.

Die letzten Chorreisen waren sehr harmonisch, wichtig ist, dass wir gemeinsam Ausflüge unternehmen und uns gegenseitig auf Sehenswertes aufmerksam machen, dass jede eine andere Information einbringt. Was ich da so nebenbei gelernt habe, war auch, dass Tomaten mit Mozarella und Basilikum eine typisch capresische Erfindung sind.

Aus unserer Vielschichtigkeit im Chor ergibt sich ein interessantes Spektrum, an dem alle teilhaben können und mit dem alle glücklich sind. Das war für mich auf Capri besonders spürbar, denn von dieser Reise war jede begeistert. So nahmen wir den

Bahnstreik auf der Rückfahrt von Neapel nach Rom ziemlich gelassen hin.

Die ersten Chorjahre waren gekennzeichnet von Unruhe. Die Haidhauser Gruppe war ja am Anfang nicht so sehr in der Minderzahl. Aber die ganzen Querelen, die mehr aus Schwabing kamen, die Machtspiele – es ging um Dominanz und Führungsanspruch – führten dazu, dass außer mir die Haidhauser Damen abgesprungen sind. Im Gegensatz zu mehreren anderen hatte ich keine Freundinnen im Chor, so konnte ich die Dinge mit mehr Distanz sehen. Meine Motivation, dabei zu bleiben, war, dass ich einfach gerne singe. Ich habe mich lange Zeit mit niemandem angefreundet. Es gab Cliquen, ich war in keiner, hatte mich rausgehalten, sagte mir: Solange es mich nicht direkt betrifft, kann ich weitersingen im Chor. Ich habe mich quasi in den Chor reingesungen, mit »Capri«, diesem Lied, das ein Renner geworden ist, bis heute … mit dem ich mir die Herzen der Zuschauer erobert habe und die der Damen. Hinzu kamen die Requisiten von Ingeborg, die sie extra für mich und dieses Lied gebastelt hat, die einen wunderbaren Rahmen geben.

Ich brauchte lange, um mich auf jemanden einzulassen, war lange Zeit nicht offen für persönliche Kontakte. Es hat Jahre gedauert, bis ein Gemeinschaftsgefühl entstanden ist. Ich bin froh, dass ich mich damals nicht habe irritieren lassen und mich geöffnet habe.

Doch vieles hat sich verändert – durch Verlust. Wir haben Superfrauen aus unserer Mitte verloren, erst Angelika, dann Christiane. Und dieses Leid haben wir gemeinsam getragen, das hat uns zusammengeschweißt, unser Zusammengehörigkeitsgefühl verstärkt.

Es ist schon eine lange Zeit, die wir zusammen sind, eine mit sehr vielen glücklichen Stunden und außergewöhnlichen Erlebnissen, die man allein nicht geschafft hätte.

An meinem letzten runden Geburtstag – ich bin ja die zweit-

älteste im Chor – habe ich meine Chorzugehörigkeit in Frage gestellt, unter anderem auch wegen der »Optik«, war nicht mehr
sicher, ob ich noch unter den flotten und attraktiven Frauen bestehen kann. Meine Zweifel wurden zerstreut, insbesondere auch
durch den anhaltenden Erfolg des »Capri«-Liedes.

LILLI RICHTER, 1. Grundstimme

INGEBORG SCHEIBE

Wie Humphrey Bogart
den Chor eroberte

Die Idee, einzelne Lieder mit optischen Effekten zu begleiten, kam mir nach einem Auftritt des Kreuzberger Damenchors in der Künstlerkneipe Heppel & Ettlich. Wir hatten die Berlinerinnen zu einem gemeinsamen Auftritt eingeladen und waren neugierig auf deren Performance. Dann sangen sie das Lied von den Capri-Fischern. Blaue Müllsäcke bewegten sich wellenförmig vor dem Chor auf der Bühne synchron zum Gesang, hinter dem Chor lugten auf Stecken eine kleine goldene Sonne, ein sehr kleiner Mond und winzige Sterne hervor.

Das berührte mein Kinderherz. Bilder tauchten in mir auf von meiner geliebten Nordsee. Das Publikum lachte und es kam eine so heitere Stimmung rüber, dass ich in der darauf folgenden Chorprobe (ich war erst kurze Zeit dabei) den Vorschlag machte, doch einzelne unserer Lieder optisch zu untermalen, stieß damit aber auf Ablehnung. Was tun? Aufgeben wollte ich nicht, also brütete ich weiter an Einfällen zum Capri-Fischer. Es sollte anders werden, kein Abgucker vom Berliner Chor.

Für den nächsten Auftritt auf einer großen Bühne hatte ich aus orange- und rotfarbenem Seidenpapier und Draht eine Sonne gebastelt und mir gedacht, wenn ich sie von hinten mit einer Taschenlampe langsam von oben nach unten zu Lillis Refrain »Wenn bei Capri die rote Sonne im Meer versinkt« beleuchte, entsteht vielleicht im Publikum die Vorstellung von einem Sonnenuntergang am Meer. Dazu hatte ich ein Schiff aus Zeitungspapier gefaltet, wie Kinder es tun, und aus Alufolie einen Silbermond geformt.

Gudruns Freund Jürgen, immer ein kritischer Zuschauer und -hörer des Chors, bat ich vor unserem Auftritt, darauf zu achten, wie meine Requisite wirkt. Kurz bevor Lilli loslegte, weihte ich sie ein, damit sie nicht irritiert wäre über Reaktionen aus dem Publikum, die sie sich nicht erklären kann, da sie ja nicht sieht, was sich hinter ihrem Rücken abspielt.

Die rot leuchtende Sonne versank langsam im Meer, die silberne Mondsichel spannte sich im Bogen über den Himmel, das heißt über die Hüte der Chordamen von der zweiten bis zur ersten Stimme. Das Papierschiff tuckerte auf den Wellen auf und ab dahin. Es war genug Platz auf dieser Bühne, so dass ich frei agieren konnte.

Das Publikum reagierte lachend und auch Jürgen fand es richtig gut. In der darauf folgenden Chorprobe bekam ich grünes Licht. Beim nächsten Auftritt bastelte ich noch zwei Sterne aus Pappe mit Alu-Folie, ein etwas kleineres zweites Papierschiff, so dass ich bei der Textstelle »Und von Boot zu Boot das alte Lied erklingt« beidhändig die Papierschiffe aneinander vorbei tuckern lassen konnte. Und ein geknüpftes Netztuch aus Kreta untermalte die Zeile »Und sie legen im weiten Bogen die Netze aus«. Manche Damen befürchten auch heute noch, dass ihre kostbaren Hüte durch meine schwungvollen Bewegungen ins Netz gehen könnten. Bei »Sieh den Lichterschein draußen auf dem Meer, ruhelos und klein, was kann das sein …« leuchtete ich mit der Taschenlampe ins Publikum und knipste sie im Rhythmus an und aus.

Es war mir wichtig, das Publikum zu verzaubern. Umso perplexer war ich nach dem tosenden Applaus, als mich eine Chorfreundin spitz fragte: »Sag mal, willst du Lilli Konkurrenz machen?« Ich stand mit offenem Mund da und dachte: Was ist denn das für ein Gedanke? Die Requisiten sollten doch nur Lillis Lied, den Höhepunkt des Abends, besonders unterstreichen, sozusagen als i-Tüpfelchen. Aber inzwischen weiß ich, dass solche Bemerkungen eben auch ein Teil des Chors sind, in dem so viele unterschiedliche Frauen zusammen kommen.

Als mich meine Freundin Christlieb vor etwa fünfundzwanzig Jahren fragte, ob ich nicht Lust hätte, in einem Frauenchor mitzusingen, konnte ich mir das überhaupt nicht vorstellen, hatte fürchterliche Angst vor so einem großen »Frauenhaufen«. Sie biss mit ihrer Werbekampagne: »Du kannst doch singen, wir brauchen gute Stimmen« bei mir auf Granit. Aber sie ließ nicht locker, probierte es weiter und schleppte mich mit zu einem Auftritt des Chors. Was ich da sah und hörte, gefiel mir. Ich wurde neugierig. Es gab noch keine Warteliste, mit diesem Argument köderte mich Christlieb und ich startete meine Chor-Ära.

Bis dahin hatte ich keine Erfahrung mit Frauengruppen, die mich eher erschreckten als anzogen ... Vielleicht lauerten ja in so einer großen Frauengruppe wie dem Chor Neid, Eifersucht, Spitzfindigkeiten, Missgunst, Konkurrenz? Ich bin mit drei Brüdern aufgewachsen, hatte dadurch mehr Freunde als Freundinnen. Im Laufe des Lebens ertappte ich mich immer wieder dabei, wie ich besagte Freunde zu meinen Freundinnen erkor, was zuweilen zu mehr als großen Irritationen führte.

Bei den Chorproben hielt ich mich nicht nur sehr zurück, sondern mir oft die Ohren zu: Die hohe Frequenz, das laute Geschnatter, das überlaute Durcheinanderreden ohne auf die andere zu hören – irgendwann habe ich gelernt wegzuhören anstatt mir demonstrativ die Ohren zuzuhalten.

Auch das Reden über diese und jene in deren Abwesenheit war total fremd für mich. Mit den Jahren habe ich jedoch begriffen, dass auch das zu einer solchen Gruppe gehört und mehr Verständnis entwickelt für Frauen und deren Geschichten.

Zurück zur Requisite mit zwei weiteren Beispielen: Bei dem Lied »Fidschi« schwinge ich ein gelbes Palmentuch aus Bali zu

»Dort ist noch alles paradiesisch neu, ach wie ich mich freu, ach wie ich mich freu« viermal hin und her und bei der Textzeile »Ich lass mir meinen Körper schwarz bepinseln« verdecke ich mein Gesicht mit einem schwarzen Hut, werfe ein schwarzes Tuch über meinen Kopf, ziehe schwarze Handschuhe über die Finger und schiebe mich damit »schwarz bepinselt« nach vorne. Auch das funktioniert, kommt gut beim Publikum an, während eine Puppe, mit der ich kuschelte an der Stelle »und gehe mit 'ner Fidschipuppe kuscheln, kuscheln, kuscheln« überhaupt keine Reaktion hervorlockte. So verschwand die Puppe nach dem zweiten Auftritt von der Bühne.

»Kinder heut' Abend, da such ich mir was aus, einen Mann, einen richtigen Mann«, dieses Lied wird von Hiltrud und dem Chor gern als Zugabe gesungen. Schon der Text ist einfach irre. Ich dachte mir immer: Was denken die Männer bei so vielen Frauen auf der Bühne? Und damit das Lied weder als Drohung noch als Versprechen empfunden wird, muss ein Kontrapunkt gesetzt werden. Eines schönen Tages sah ich meinen Humphrey Bogart, in voller Größe an meine Flurwand gepinnt, mit anderen Augen. Das ist es, dachte ich, Bogey, der Klassiker. Ich nahm ihn ab, verstärkte die Ecken des Posters mit Pappe und warb im Chor für diese Idee. Auf Granit biss ich diesmal zwar nicht, aber auf mehr als zwanzig Neuvorschläge wie Arnold Schwarzenegger, Udo Lindenberg, Ché Guevara, Mick Jagger etc. Ich war überzeugt von Bogey. Um die Wogen zu glätten bat ich, es doch mal ausprobieren zu dürfen. Beim nächsten Auftritt hatte Humphrey Premiere, wurde zur passenden Textstelle entrollt und ich marschierte mit ihm über die Bühne, begleitet von tosendem Applaus. So bekam ich grünes Licht vom Chor. Humphrey Bogart ist bis heute ein Hit. Das ursprüngliche Poster existiert nicht mehr, die vielen Auftritte haben es zerrissen. Es wurde durch ein auf Stoff gedrucktes schwarz-weißes Porträt ersetzt, das genau so gut funktioniert.

Im Laufe der vielen Jahre war ich zweimal drauf und dran, aus dem Chor auszusteigen, aus beruflichen und privaten Gründen. Ich brauchte eine Auszeit. Damals ist Moni mit eigener Requisite hinzugekommen. Sie hat schöne Ideen und das Talent, sie umzusetzen, zum Bespiel zu den Liedern »Unter den Pinien« und »Laila«. Während meiner Abwesenheit übernahm Moni auch meine Requisiten. Ich fühlte mich in dieser gesamten Zeit dem Chor unverändert zugehörig, im Gegensatz zum Chor, der ablehnend reagierte, wenn ich dann mal wieder kam und meine optischen Effekte spielen lassen wollte. Natürlich hatte ich auch Angst, dass mir meine Funktion geraubt wird. Moni aber hat mich verstanden. Wir haben darüber gesprochen. Ich empfinde es auch heute noch als eine große Bereicherung, dass wir zu zweit sind mit den Requisiten und dass das auch vom Chor immer mehr akzeptiert und unterstützt wird. Manchmal bin ich selber erstaunt, wie mir dieser Frauenchor in all den Jahren doch ans Herz gewachsen ist.

INGEBORG SCHEIBE, 2. Stimme

G I S E L A G R O S S

Ein kleines Liedchen geht von Mund zu Mund

Juli 1984, wo stand ich da im Leben?

Ein abgeschlossenes Studium der Medizin, einen aufgegebenen Wunschtraum (den der Literaturwissenschaften und des Journalismus), promoviert, bereits drei volle Jahre Berufserfahrung in einer noch neuen, sehr zermürbenden Stelle in einer Akutklinik, dauernd der Bewährung ausgesetzt, viel und weit gereist, einige Beziehungserfahrungen, gerade Single, eben umgezogen in eine große Wohnung, aus dem geliebten Schwabing fort – voller Energie und für unkonventionelle Ideen aufgeschlossen, geradezu voller Appetit, ja direkt Lebenshunger – auf was nur?

»Sie will nicht Blumen und nicht Schokolade …«

»Ausgerechnet Bananen, Bananen, verlangt sie von mir …«

Ein paar Wochen zuvor ist der Haidhauser Damenchor Silberner Mond gegründet worden. »Hast du Lust« fragt mich meine Freundin Gudrun »ganz einfach mal zu singen?« Und ich habe Lust. Bisher ist nicht viel »ganz einfach« und unkonventionell in meinem Leben. Welche Freude, frische, freche Lieder zu lernen, sie in Gedanken, beim Blutabnehmen, beim Skifahren, beim Blumengießen und Staubsaugen, beim Autofahren (auf dem Beifahrersitz liegt das Textbuch, bei jeder roten Ampel wandert der Blick darauf) zu erfassen und ihren subtilen Witz auszukosten.

»Hallo, Du süße Klingelfee … lass mich hinein, Du schlanke Schmale, mal in die Zentrale …«

Schnell sitzen die Texte – bis auf die lästigen reizvollen Füllwörter und Aufzählungen, die sich bis heute noch nicht so leicht abspeichern lassen und die wir dann gemeinsam überdeutlich aussprechen und uns Eselsbrücken dazu bauen:

»Ich geh zum Krankenkassenarzt bestimmt schon morgen, ich hab am Herzen einen schweren Klaps, er muss mir Pulver, Pillen, Tropfen rasch besorgen« –

»pu-pi-tro«. Nicht etwa, weil nur einige Frauen sie verwechseln, nein, es ist ein Phänomen, dass auch nach Jahren ergebensten Gedächtnistrainings im hingebungsvollen Rausch der Sangeslust Textpassagen hin und wieder scheinbar spurlos verschwinden oder sich in den Strophen wie von selbst vertauschen, manchmal sich gar kollektiv »wortlos« verabschieden,

»…er macht 'nen Rutsch und ist futsch«.

Die tief verinnerlichte Herzenssache heißt immer wieder von Neuem: Sich auf die Bühne stellen und drauf lossingen, sich ganz dem Moment hingeben und höchstes Vergnügen dabei verspüren, selbst während der Tücken des akuten Gedächtnisschwundes oder der latenten Panikattacke, die aus jedem Solo eine Mutprobe macht –

»Ich glaub', ich gehör' nur mir ganz allein«.

Die Frage der Soli stellt sich mir nie wirklich – ich halte mein Gehör für trügerisch. Es finden sich im Chor fülligere und gefälligere Stimmen mit Himmelsleitern, zündendere Temperamente, gewaltigere Resonanzböden. Außerdem verpfuschen mir mein bis heute anhaltendes Herzklopfen

»…es klopft mein Herz bumbum, bei Freud und Schmerz bumbum …«

und das nie zur Raison gebrachte Lampenfieber manche Überwindung an Schüchternheit,

»…was soll ich machen? Ich weiß, die Leute lachen …«

Sekt hilft etwas, ein zweites Glas vermasselt dagegen die Einsätze.

»Ich hab' ja nur aus Liebe zu Dir ein Glas zuviel getrunken …«

Halt suche und finde ich seit Jahren an der gleichen Stelle auf der Bühne, mittig, links neben mir Gudrun, rechts möglichst Margit. Diese Stellung erregt auch immer wieder Missfallen: immer vorne, nie schräg, immer Lilli verdeckend.

»Ach, das ganze Männerpublikum sieht wie gebannt
nur auf das Podium …«

Viel unbeschwerte Freude ist durch den Chor in mein Leben gekommen:

»Wochenend' und Sonnenschein … weiter brauch' ich nichts zum Glück-
lichsein …«

Die Chorprobe am Montag, heftig verteidigt, an drei von vier
Tagen im Monat eingehalten,

»Weder Tonfilm noch Theater, uns lockt auch kein 5-Uhr-Tee,
wo wir hingeh'n, ist es schöner und es kostet nicht mal Entree!«

sich nur den Bürden des Alltags

»Jeden Abend steh' ich an der Brücke …«

oder der Erschöpfung beugend,

»Lila selbst die Augenringe …«

ist konkurrenzlos gegenüber allen Freizeitbeschäftigungen, die
dazu wuchsen, so zum Beispiel eine zeitweise geradezu unbändige
(und mitunter kostspielige) Lust an ausgefallener und erotischer
Abend- und Auftrittsmode (außerhalb des Chors untragbar!),

»Benjamin, ich brauche Seidenhemden!«

»Drum pfiff sie auf die Sittsamkeit und machte sich 'nen Schlitz ans
Kleid …«

eine besonders prickelnde, teils auch frivole Beschäftigung mit
Schönheit und genüssliche Bedienung klischeehafter Phantasien,

»Nimm dich in acht vor blonden Frau'n, die haben so etwas Gewisses«

überhaupt die Thematisierung des weiblichen Bodystyling,

»…da kann man Waden seh'n rund und schön, im Wasser steh'n«

der modischen Ausstattung hierfür: High Heels, doch im Lauf des
Abends, der Jahre?

»…doch die Waden, welche einst so schöne, wurden später mies
und so dick wie vom Klavier die Füß, die Füß, die Füß …«

Nicht zu vergessen die Problematik der Rivalisierung:

»In dem langen Kleid, ich bitt sie, scheint jede schön gebaut, denn man sieht

*nicht das Gestelle. Und was ist die Konsequenz? Es entsteht die unreelle,
gemeine Konkurrenz!«*
ein Miterleben und bis heute anhaltendes Staunen an atemberaubenden Frauenpersönlichkeiten und -schicksalen,
*Erika, Leila, Ruth, Elisabeth, Carmen, Sonja, Isabella, Helene, Paula
und andere,*
eine Entängstigung vor Alterungsprozessen,
*»Als Sigi so mit 100 Jahr' die schöne Welt verließ, trug ihn ein Englein süß,
direkt ins Paradies ...«*
teilweise bitteren, aber in der Chorgemeinschaft auszuhaltenden
realistischen Lebenserfahrungen und Selbsterkenntnissen,
»Es ist ja ganz gleich, wen wir lieben ...«
»Ich weiß nicht, zu wem ich gehöre ...«
»I bin net fleißig, bin net tüchtig und i mach' auch gar nichts richtig ...«
Krisenfestigkeit, Bildung und Festigung, auch wieder Lockerung
von Freundschaften und Chormitgliedschaften,
»Ach wer kennt die vielen Damen, die gingen und kamen ...«
Eintauchen in mir anfangs unvertraute Welten – schöpferischer,
chaotischer, unbürgerlicher, von tiefen Nöten und starkem Wil-
len geprägtem Leben.

Welch ein Überfluss an Freude:
Feiern (*Jonny, wenn Du Geburtstag hast*),
Reisen (*Fidschi, Algier, Afrika, Himalaya, Montevideo,
Argentinien, Theben*),
Sehnen (*Leila*),
Sonnenuntergänge (*Capri*),
ungezügeltes Genießen (*Die Nacht ist nicht allein
zum Schlafen da ...*),
und Herausforderungen (*Kinder, heut' Abend,
da such' ich mir was aus ...*),
ganz zu schweigen von den zahlreichen Männerbekanntschaf-

ten (*Meier, Waldemar, Egon, Adolar, Bel Ami, Ramses, Jonny, Lehmann, Professor Friedrich Wilhelm Maier, Professor Nikodemus, Sigismund, August, Benjamin, Leo, mein Bruder und andere*),

eingehüllt in eine Wolke mitreißender Liedtexte, himmelhochjauchzender Klänge, jubilierender Stimmen, Klaviermelodien …

> *»… und wie ein lockender Traum klingt Musik durch den Raum …«*
> *»Brennend heißer Chorgesang … so schön, schön war die Zeit.«*

Apropos Reisen: Unsere Chorreisen werden mir unvergesslich bleiben – geballte Erlebnisse ungestümer Vitalität, sich geborgen treiben lassen in einer Welle von Solidarität und gemeinsamem Willen, es sich richtig gut gehen lassen und einen eigenen Beitrag dazu leisten. Ich genieße es, hier nicht organisieren zu müssen, Verantwortungsfreudigkeit durch Sein, nicht durch Handeln zu spüren. Ein Bukett von flirrenden Ideen, schöpferischer Organisation und atemberaubenden Auftritten an Orten, in die ich ohne den Chor nie Einlass bekommen hätte, erfüllen meine Erinnerung: ein Adelspalais im Karneval von Venedig, Enzos Theater in Rom, die Hofburg in Wien, Singen gegen den Wind an der Blauen Grotte von Capri, Festessen in Sorrent, Mallorca, Tivoli, Prag, Paris, London, Via Appia …

> *»Europa und Amerika …«*

Mein Mann und meine Kinder (drei Chorkinder) akzeptieren mein zeitaufwendiges Hobby neben meinem zeitaufwendigen Beruf und haben selbst Spaß daran.

> *»Du musst die Männer schlecht behandeln, sonst spielen sie den Herrn im Haus«*

Vielleicht spielte ein Chorlied bei der Namensgebung meiner Tochter Clara unbewusst als Ohrwurm mit.

> *»Oh Donna Clara, ich hab Dich tanzen geseh'n … das hat das Maß der Liebe vollgemacht …«*

Es gibt aber auch Texte, die werden verständlicherweise als »uncool« angesehen:

»Ich fahr mit meiner Klara in die Sahara zu den wilden Tieren«
Geschenkter Applaus – für eine Stimme, die nach wie vor nicht zu meinen Stärken gehört. Alles hat sich entwickelt in meinem Leben in den letzten 25 Jahren, sagte ich zu Gudrun, nur meine Stimme nicht! Dieses Phänomen ist doch wirklich erstaunlich! Sollte das wirklich nur mich betreffen?

»Dort wo die Noten steh'n, hab' ich nicht hingeseh'n …«
»Wie ich die Töne find'? Ich frag' den Abendwind …«
Meine Nische finde ich als Umtexterin von Geburtstagsständchen,

»Jonny, wenn Du Geburtstag hast …«
auch als »Dottoressa« des Chors, als Seelentrösterin

»Einem guten Nervenspezialisten klagte Paula eines Tags ihr Leid …«
und Ernährungsberaterin:

»Tante Paula liegt im Bett und isst Tomaten, eine Freundin hat ihr dringend angeraten …«
Ich bin Chormitglied von Anfang an, nicht tragende Säule, eher mittige Präsenz, tragende Grundstimme. »Sprich es lieber gut«, sagt Christlieb.

Und so steht seit 25 Jahren weniger die Stimmbildung im Vordergrund der Entwicklung, sondern mehr die Herzensbildung, einer Stimmungsbildung in mir – eine Fülle von Melodien und Schwingungen, die tief in mir einen eigenen Rhythmus gefunden haben, eine Genugtuung über begrenzten Ehrgeiz ohne Kränkung, eine Freude über das Schicksalsgeschenk der Chormitgliedschaft (zum passenden Zeitpunkt am günstigen Ort mit den richtigen Menschen zusammen zu sein), eine Akzeptanz und Toleranz gegenüber Andersartigkeit, ein Kennenlernen der eigenen Über- und Unterschätzungen, eine Hinnahme der zweiten Besetzung, ein köstliches Vergnügen am Chorleben und eine tiefe, tiefe

Liebe zur Musik: Dies färbt ab auf alles andere im Leben und trägt nachhaltig zur Entspannung bei.

»Es ist ein seltsames, schönes Gefühl, wenn auch das Ganze ein Traum nur, ein Spiel … einerseits und andrerseits und schließlich weil's auch voller Reiz, in jedem Fall und überhaupt und außerdem …«

GISELA GROSS, I. Grundstimme

P.S.: Eigentlich wäre mein Beitrag jetzt abgeschlossen, wenn nicht Anna gestern zu mir gesagt hätte, ich solle doch Gesangsunterricht nehmen – es würde sich lohnen! Wer hätte das gedacht. Die Hoffnung stirbt zuletzt.

Quellen-/Literaturhinweise:

Wie im Chor: Mehrfachauftritte möglich, auch durcheinander,
aber nicht jede(s Lied) kommt dran.

Sie will nicht Blumen und nicht Schokolade
Ausgerechnet Bananen
Hallo, du süße Klingelfee
Es klopft mein Herz bumbum
Was macht der Maier am Himalaya
Ich weiß nicht zu wem ich gehöre
Egon
Das machen nur die Beine von Dolores
Wochenend' und Sonnenschein
In der Nacht ist der Mensch nicht gern alleine
Es geht die Lou lila
Benjamin, ich hab nichts anzuzieh'n
In der Bar zum Krokodil
Nimm dich in acht vor blonden Frau'n
Ich hab das Fräulein Helen baden seh'n
Ich bin so scharf auf Erika
Leila
Ich steh' mit Ruth gut
Wenn die Elisabeth
Lass mich einmal deine Carmen sein
Wenn die Sonja russisch tanzt
Schöne Isabella aus Kastilien
Die Paula muss beim Tango immer weinen
Sigismund
Nur nicht aus Liebe weinen
I kann net bügeln
Unter den Pinien
Jonny, wenn du Geburtstag hast
Ich lass mir meinen Körper schwarz bepinseln
Montevideo
In der Bar zum Krokodil
Capri-Fischer
Die Nacht ist nicht allein zum Schlafen da
Kinder, heut' Abend da such ich mir was aus
Er heißt Waldemar
Bel Ami
Wo sind deine Haare, August?
Mein Bruder macht im Tonfilm die Geräusche
Du musst die Männer schlecht behandeln
Oh Donna Clara
Ich fahr mit meiner Klara
Tante Paula liegt im Bett und isst Tomaten
In der Nacht ist der Mensch nicht gern alleine
Schön war die Zeit

S Y L V I A   W A L T E R

Mein denkwürdiges Schmackeduzchen

Kein Ton! Meine Hände zittern wie Espenlaub, die Flöte rutscht mir fast aus den schweißnassen Fingern, Lampenfieber! Krickel neben mir bläst unverdrossen weiter, während ich die Flöte kaum an die Lippen heben kann.

Wir hatten uns das so schön vorgestellt, ein Zwischenspiel beim Schmackeduzchen zweistimmig: Krickel mit der F-Flöte spielt die 2. Stimme und ich mit der C-Flöte die Melodie. Bei den Proben hatte alles auch noch ganz gut geklappt. Wir hatten unsere Flöten aus Kinder- und Jugendtagen hervorgekramt und geübt, und alles schien bestens – alle Damen waren angetan.

Und nun dieses Debakel: Auftritt im Schlachthof vor ausverkauftem Haus, Krickel und ich treten nach der 1. Strophe mit den Flöten in der Hand vor das Solomikrophon – aha, denkt man sich, die Damen setzen jetzt auch Instrumente ein – und dann hört man nur eine 2. Stimme, während ich einen hoffnungslosen Kampf mit meiner Aufregung ausfechte. Gott sei Dank ist das Zwischenspiel nur kurz, so dass ich bald wieder in die 2. Reihe verschwinden kann, und ich glaube, weder die anderen Damen noch das Publikum haben so viel von der kleinen Katastrophe mitbekommen, aber in mir nagt sie noch immer. Das ist nun bestimmt 15 Jahre oder länger her, kaum eine der Damen erinnert sich noch daran, dass wir mal ein Flötenzwischenspiel geprobt haben. Selbst Krickels Erinnerung ist nur noch verschwommen. Kein Wunder, haben wir diesen Versuch doch nie mehr wiederholt. Das Schmackeduzchen ist sowieso lange Jahre – unverdient – in der Versenkung verschwunden. Dabei ist es ein ganz entzückendes Lied voll höherem Blödsinn, eines unserer ältesten Lieder aus dem Jahre 1912!

Aber jetzt ist es wieder auferstanden und geflötet wird auch noch im Zwischenspiel, allerdings einstimmig und so, wie uns der Schnabel gewachsen ist. Und wenn das Lampenfieber wieder zuschlagen sollte, so lächeln wir einfach statt die Münder zu spitzen und tun so, als ob nie etwas anderes geplant gewesen wäre.

Auch wenn ich mich an manches andere nicht mehr so deutlich erinnern kann – wie mein Chor-Engagement begann, weiß ich noch genau.

Die »Chor-Sisters« (Roswitha und Hiltrud) – wir lernten uns in den fünfziger Jahren im Vorschulalter kennen und sind seitdem Freundinnen – erzählten mir von der Chorgründung, und Roswitha fragte mich: »Du singst doch gern. Hast du nicht Lust mitzusingen? Die singen ganz lässige Sachen.« Ich hatte Lust, aber erst nach den Pfingstferien. Und da gab es nur noch vier Proben bis zur Bühnenpremiere.

Ich hatte bei diesem ersten Auftritt das Gefühl, dass viele Einzelkämpferinnen angetreten sind. Ich weiß gar nicht mehr, wie sie hieß, aber eine ist mir noch gut in Erinnerung. Sie kam mit einem Hut in Wagenradgröße, stellte sich in Pose, fand sich ganz toll und nahm uns die Sicht. Sie blieb dann bald wieder weg, wie viele andere auch, die sich vielleicht etwas anderes vorgestellt hatten.

Ich glaube, ganz wesentlich für ein Zusammenfinden waren dann die Chorausflüge, der erste, nach Mallorca, fand schon nach drei Jahren statt. Es war toll, dass plötzlich eine gemeinsame Reise im Raum stand. Ich denke, dass jede Chorreise uns auf eine neue Ebene brachte und bringt. In den ersten Jahren waren wir noch mehr als jetzt. Diese erste Chorreise hat deutlich unterschiedliche Cliquen gezeigt mit unterschiedlichen Vorstellungen, die bei einigen in Richtung Perfektion und Kommerzialisierung zielten, was natürlich auch Disziplinierung bedeutete. Der Mehrheit des Chors war das nicht recht, sie hat es als Stress empfunden, zumal es relativ druckvoll vorgetragen wurde. Der Chor als solcher ist eine ziemlich träge Masse, und diese Masse anzuschieben, erschien dann doch zu zeit- und energieaufwendig, und deshalb haben sich einige verabschiedet.

Als dieser erste Sturm überstanden war, hat das die Verbliebenen mehr miteinander verbunden. Die Atmosphäre war von da an deutlich entspannter, weil der übersteigerte Anspruch weg war.

Die zweite Mallorcareise, die unter dem Stern Allerheiligen und Gedenken an Jürgen stand, war eine ganz emotionale Geschichte, die uns sehr zueinander geführt hat, weil wir Gudrun in ihrer Trauer unterstützten. Jürgen zum Angedenken studierten wir ein spanisches Lied ein, das zu Allerheiligen gesungen wird und die Verstorbenen betrauert. Wir sangen es an Jürgens Grab – zu Christliebs Klavierbegleitung vom Kassettenrekorder –, leise und sehr getragen und dadurch wunderschön. Ich wusste nicht, wie die Spanier auf dem Friedhof darauf reagieren würden, aber die waren angerührt wie wir auch.

Dann kamen die Reisen aufgrund Annas Engagements. Die erste ist auf meinen Mist gewachsen. Es war die Karnevalsreise nach Venedig, ein Angebot der Deutschen Bundesbahn, Samstagnacht mit dem Nachtzug hin, Sonntag in Venedig, abends mit dem Nachtzug zurück nach München, für 99 Mark. Dieses Angebot habe ich als Stein in den Chorsee geworfen, es hat erfolgreich Wellen geschlagen.

Bei unseren Reisen waren auch einzelne Chor-Männer mit dabei, zum Beispiel Herbert, den wir mit nach Capri eingeladen hatten in gemeinsamer Erinnerung an Christiane, die ein viertel Jahr zuvor gestorben war.

Mittlerweile ist über die vielen Jahre eine tiefe soziale Verbundenheit entstanden. Wenn heute jemand Neues dazu kommt, muss die Chemie stimmen, Stimme und Sangesvermögen sind fast zweitrangig.

SYLVIA WALTER, 1. Stimme

ANNA VON WESENDONK VON PECHMANN

Anna kam, sang und siegte – ein Interview

Eine Anna fragte mich am Telefon, ob sie bei uns im Chor mitsingen könnte. Ich antwortete, was wir damals allen Interessierten sagten: Wir brauchen momentan keine, aber du kannst ja mal unverbindlich bei einer Probe hereinschauen. Gut, sagte Anna, und wann ist die nächste Probe? Heute Abend. – Dann komme ich mit meiner Gitarre vorbei und singe den Damen etwas vor. Anna kam, sang – und siegte. Seit jenem Abend im April des Jahres 1992 ist sie in unserem Chor.

GUDRUN: *Warum wolltest du in den Haidhauser Damenchor Silberner Mond?*

ANNA: Weil ich neun Jahre im Bach-Chor unter Karl Richter gesungen hatte und genau wusste, wie schön das für mich war. Chorgesang – das ist wie ein Orchester hören. Nach dieser Begegnung mit einem Musikgenie konnte ich doch nicht einfach in einen anderen klassischen Chor gehen. Nach seinem Tod gab es etwa hundert Dirigenten, die versuchten, die Nachfolge von Karl Richter anzutreten. Der Chor hatte zu entscheiden und keiner der Bewerber war auch nur annähernd in der Lage, diesen Mann zu ersetzen. Ich ging.

Vom Bach-Chor, der Weltklasse ist, zum Damenchor. Das ist erstaunlich. Wie hast du von der Existenz unseres Chors erfahren?

Ich wurde zu einer Ausstellung bei Oma Pfeiffer (Mäzenin und Kunstsammlerin in München-Haidhausen) eingeladen, danach sang der Damenchor. Oma Pfeiffer schwärmte schon im voraus von den Haidhauser Damen, die ich unbedingt hören sollte. Und meine Schwester Rösi, die den Chor zuvor bei einem

Privatfest gehört hatte, meinte, dass das etwas für mich sei. Aber auch ich fand den Chor im ersten Moment wunderbar. Ich erinnere mich noch gut an Roswitha, wie sie da stand, genau vor mir an der Ecke rechts, so rein und voller Inbrunst. Das war ausschlaggebend für mich, denn das suche ich immer.

Hat dir auch das Repertoire gefallen?

Das kannte ich ja zu etwa siebzig Prozent, das ›Fräulein Helen‹ zum Beispiel hatte ich ja am ersten Abend im Chor vorgesungen. Das war es nicht, was mich hinzog.

Wo andere monatelang hinarbeiten, das hast du an einem Abend singend und spielend geschafft. Wie war das für dich?

Das war für mich ein Déjà-Vu, das kenne ich, alle freuen sich, wenn ich singe. Das ist schön für mich. Das hat etwas mit meiner Familienkonstellation zu tun. Ich bin die Jüngste von vier Geschwistern – bis zum Alter von zweieinhalb Jahren habe ich nicht gesprochen, aber ich konnte fünf Lieder von vorn bis hinten mit Text singen. Das mache ich bis heute gern. So war es auch bei Enzo …

Enzo Samaritani und sein Gesangstheater »L'Arcilituo« nahe des römischen Blumenmarktes hat für uns Chor-Damen einen wunderbaren Klang. Durch dich lernten wir Enzo in Rom kennen, traten in seinem Theater auf, wo einst das Atelier Rafaels gewesen sein soll. Nicht nur einmal, sondern dreimal, denn dreimal war der Chor in Rom. Und wenn die Frage nach der nächsten Chorreise gestellt wird, kommt immer zuerst der Vorschlag, nach Rom, zu Enzo. Wie bist du nach Rom, zu Enzo gekommen?

Ich studierte fünf Jahre Gitarre und hatte dann das Bedürfnis, neapolitanischen Gesang zu lernen. Also machte ich mich auf den Weg nach Süden, erst mal nach Rom. Dort wohnte ich bei einer Cousine meines Vaters. Eines Tages zeigte mir ein Freund Enzos Musiktheater. Ich war begeistert. Enzo, ein Neapolitaner, lachte mich an. Ich fragte ihn, ob ich singen dürfte. Er gab mir seine Gitarre in die Hand. Ab diesem Abend war ich jeden Abend da, spielte und sang vor siebzig bis hundert Leuten. Enzo gab mir auch Privatunterricht und neapolitanische Lieder für zu Hause auf, die ich am nächsten Tag den Bridge-Damen der Cousine vorsang. Abends spielte und sang ich, manchmal auch mit Enzo im Duett, das war eine unglaublich aufregende Welt. Ich lernte jeden Tag etwas dazu, auch Präsenz. Alles, was wir über Jahre im Chor gelernt haben, hat Enzo versucht mir beizubringen, zum Beispiel das Ende eines Liedes nicht versanden zu lassen, sondern bis zum Schluss die Spannung zu halten. Aber ich habe damals noch nicht alles verstanden.

Du hast mal gesagt: Ohne Enzo wäre ich gar nicht in eurem Chor. Wie ist das zu verstehen?

Weil ich nach eineinhalb Jahren in diesem Lokal nach München kam – der Liebe wegen. Nach der italienischen Sangeswelt fand ich mich nun in einer Münchner Normalwelt wieder.

Hast du nicht nach einer ähnlichen Auftrittsmöglichkeit in München gesucht?

Nein, weil ich mich entschlossen hatte, meinen Malereiweg weiter zu gehen. Gleichzeitig konnte ich zu Hause sein, bei meinem Mann und den Kindern.

Und der Damenchor ließ sich mit dem Privatleben vereinbaren? Immerhin war Anton erst vier Jahre alt zu diesem Zeitpunkt …

Das war kein Problem. Ich brauchte das Rausgehen, das Singen, und außerdem begannen die Proben erst abends gegen neun, wenn die Kinder im Bett waren.

Das war von Anfang an der Sinn des späten Probentermins. Wir treffen uns, wenn die kleinen Kinder im Bett sind und der Mann zu Hause ist. Im Chor hattest du ja eigentlich beides gefunden, was deinen Neigungen entspricht – Chorgesang und Solovortrag …

Genau. Ich verhielt mich aber, was die Vergabe von Soli betraf, eher passiv. Christlieb fragte mich und ich sagte freudig ja. Eigentlich halte ich mich immer zurück im Chor, ordne mich ein, am liebsten werde ich gefragt.

Ich sehe dich nicht passiv, sondern aktiv dabei – in den Proben und bei Auftritten. Außerdem organisierst du unvergessliche Chorreisen und das alles andere als passiv!

Ich rede von meinem Empfinden. Im Gegensatz zu meinem selbständigen Arbeiten als Malerin fühle ich mich im Chor eher passiv, auch wenn das nicht so wahrgenommen wird. Wenn ich im Chorgesang zu intensiv wäre, ginge für mich verloren, was ich im Chor gut finde: Eigendynamik, der Zauber der Vielschichtigkeit und des Zufalls.

Durch dich hat der Chor, von deinen gesanglichen Qualitäten einmal abgese-

hen, eine neue Perspektive entwickelt, die Chorreisen. Wie schon gesagt, drei-
mal in Rom bei Enzo, in Venedig im Palazzo am Canal Grande bei der
Tochter der römischen Cousine, ein fantastischer Platz, an dem man sonst mit
dem Vaporetto vorbeifährt und denkt: Da möchte ich mal hinein. Wir wa-
ren drin. Ebenso im neu erbauten Ministerium in Paris mit persönlicher
Kunstführung von Monsieur Trabuc, im Pariser Salon von Monsieur Pa-
tard … Ich hoffe, dass diese Reisen für dich genauso schön waren wie für
uns, denn du hattest ja doch erhebliche Belastungen mit der Organisation,
mit dem vielen Hin und Her, das nicht ausbleibt bei so vielen unterschied-
lichen Temperamenten und Charakteren …

Das war keine Belastung. Wenn ich mich zu etwas entschließe,
dann tue ich es auch. Das ist wie in meiner Familie, eine tiefe Zugehörigkeit.

Wie sieht es mit der Zugehörigkeit dem Chor gegenüber aus?

Ich empfinde es als besondere Qualität, dass – im Gegensatz zur
Familie – jede ihr eigenes Leben führt, unabhängig von mir. Und
wenn mir Nähe fehlt, hole ich sie mir, indem ich einzelne Chordamen anrufe.

Ich denke auch zurück an unseren Auftritt in den Domagk-Ateliers, wo wir
nicht nur auf deiner Vernissage sangen, sondern auch in Öl und Acryl von
dir gemalt an den Wänden hingen. Ein Dokumentarfilm über den Chor hält
diesen Abend fest …

Mein Konzept für diese Ausstellung war es, Menschen am selben
Platz, im selben Licht an einem Tag zu porträtieren. Deshalb
habe ich alle Chordamen gefragt, sie einzeln in mein Atelier ge-
beten und gemalt. Ich bin allen sehr dankbar dafür. Ich fühlte
mich angenommen und konnte so freier malen.

Auch freier singen?

Da bin ich selbstkritisch. Ich bin jeden Tag verschieden. Obwohl
ich ein musikalisches Vorleben mitbrachte, habe ich im Damenchor dazugelernt.

Wie geht es dir jetzt bei deinen eigenen Auftritten, die du von Zeit zu Zeit hast?

Da bin ich viel sicherer geworden, selbstbewusster und weiß, es kann mir überhaupt nichts passieren.

Zum Schluss eine Frage mit der Bitte um ganz spontanes Antworten: Was war dein schönster Moment im Chor, mit dem Chor?

Das war auf unserer letzten Romreise. Wir saßen unter der Pergola eines Restaurants an der Via Appia, sangen einem 93-jährigen wildfremden Herrn, der neben uns am Tisch seinen Geburtstag feierte, ein Ständchen und der Jubilar bestellte für die Damen Champagner. Und dann steckte Enzo an diesem wunderbaren Nachmittag seine silberne Clubnadel an Gudruns Jacke. Damit hat er uns als Mitglied seines Musiktheaters anerkannt und mir bewiesen, wie sehr er unseren Chor in sein Herz geschlossen hat. Das war für mich das Schönste. Da ist es wieder – ich gehöre dazu und deswegen freue ich mich für alle.

Mit Anna von Wesendonk von Pechmann
sprach Gudrun Lukasz-Aden

KRICKEL MARIA INGEBORG CHRISTINE MONI

ALMUT NADINE ROZSIKA ANGELA ANGIE

MONIKA LILLI HILTRUD ERIKA S. ANNA

ERIKA W. MARGIT GUDRUN CHRISTLIEB GISELA

ROSWITHA SYLVIA

SIEGLINDE EINÖDSHOFER

Roma-Tagebuch:
molto, molto ...

15.50 Uhr: Abfahrt München Hauptbahnhof, Zug nach Bozen. Kurz vor Bozen dann die Information, dass der Zug nur bis Verona fährt, wegen »animales« ...

21.00 Uhr: Ankunft in Verona, kurz in die nächste Bar, dann umsteigen in den Bus nach Bologna.

22.00 Uhr: Der erste Blick auf Bologna – »Lidl«.

0.30 Uhr: Ankunft am Bahnhof. Wo ist der Zug? Kein Zug, kein Personal, nichts und tausend Reisende. Der Höllentrip geht weiter. Kilometermarsch quer durch den Bahnhof, um ein Klo zu finden.

1.15 Uhr: Warten am Gleis 8 und Hoffen auf den Zug. Kommt er? Und wenn, wann? Nebelschwaden, Horrortrip.

1.18 Uhr: Anzeige Richtung Napoli.

1.34 Uhr: planmäßige Abfahrt.

1.37 Uhr: Wir sind im Zug. Die meisten der Liegewagen sind von innen abgesperrt. Obwohl wir reserviert haben, stehen wir im Gang und haben extremes Heimweh.

3.28 Uhr: Ein Teil von uns hat Plätze ergattert. Moni und Gudrun haben sich ein Bett am Boden im Gang gemacht und schlafen. Almut versucht ebenfalls sich hinzulegen, um ihre Wassersäulen zu entlasten und Marie macht Fotos, um diesen Wahnsinn zu dokumentieren. Hiltrud hat inzwischen auch ein Bodenlager errichtet. Es ist kaum auszuhalten. Aber die Frisur sitzt – dank Dreiwettertaft.

6.15 Uhr: Ankunft Roma Termini. Die Frisur sitzt noch immer, Fußmarsch durch die Dunkelheit zum Hotel »Rosetta«, Via Cavour 295.

7.00 Uhr: Koffer abstellen und erstmal frühstücken. Leider fällt das Frühstück etwas plastikmäßig aus. Der Capuccino schmeckt, Sanktus Spiritus. Dann Toilettengang und ab zum Bus zur Sixtinischen Kapelle, Musei Vaticani. Voll die Organisation. Ein Teil fährt mit »hallo Taxi«, stellt sich subito in die samstägliche Wahnsinnswarteschlange und Angelina organisiert mit der Chorliste in der Hand das Gruppenticket.

Teilbericht, da Gruppentrennung: Moni ist unsere Führerin. Was haben wir unter anderem gelernt – wem gehören die Finger, die aufeinander zukommen? Gott und Adam, wer hätte das gedacht?

Und dann hat er ihm noch ganz nebenbei den Geist mitgegeben. Wer hätte das gedacht? Und welche Verzückung, als wir am Ziel sind und den »Untergang« oder »Das letzte Abendmahl« sehen und es sich herausstellt, dass es sich um das Jüngste Gericht handelt? Und für was die ganzen Tücher vor den Gemächten? Wir hätten gerne mehr gesehen … Anschließend sind wir noch nicht müde genug und nehmen einen Schlummertrunk zu uns.

Wir hatten zwei Medium Bier, viel Spaß und dann subito ins Hotel zum Matratzenhorchdienst. Mein Handy ist auf 17.00 Uhr gestellt.

Wieder raus aus dem Bett, wichtige Teile waschen, anziehen, Maske.

»L'Arciliuto« ist angesagt, wir zwar müde und jenseits von Gut und Böse, aber doch, die Frisur sitzt noch bzw. wieder, dank Dreiwettertaft und die Maske »Anti Aging« tut ihr Übriges.

Der Auftritt war sensationell. Das Publikum war begeistert … Nach diesem Welterfolg (New York, Paris, London) gab es das wirklich verdiente Menü. Göttlich die Speisung und die jungen Kellner, Wein und Geselligkeit – einfach molto, molto … Tränen des Lachens …

Im Anschluss Enzos Gesang … und Daniela, seine Frau, fidelt

vom Feinsten. Ein Genuss höchster Klasse. Leider waren die Bar-
keeper an der Bar nicht so schön wie beim letzten Mal, aber es
wird ja überall gespart, auch in Roma! Heimfahrt ins Hotel mit
molto teurem Taxi, Roma Nachttarif.

Kleiner Absacker, kleiner Piñacolada, kleines Bierchen für den
absoluten Schnäppchenpreis von sechs Euro, wer hätte das gedacht? Buona Notte, um 2.30 Uhr kann man schon mal müde sein.

Sonntag – Ausschlafen, einigermaßen zumindest, Frühstück
in dem vorgebuchten Café, ein Teil der Nichtinformierten im Ta-
bacchi-Laden um die Ecke bei Capuccino, Espresso, Caffè Latte
und Cornetto im Stehen. Kleiner Spaziergang und je nach Lust
und Laune schweifen die Blicke über die grande Sehenswürdig-
keiten in unserer unmittelbaren Umgebung.

Um 12.30 Uhr besteigen wir den Bus, die Frisur sitzt wieder tadellos dank … und wir fahren in das wunderbare Restaurante »Ce-
cilia Metella«, treffen dort Enzo und Daniela, um dann göttlich
zusammen zu speisen. Auch hier wieder Gaumenfreuden vom
Feinsten, Tränen des Lachens und spontaner A-Capella-Gesang in
Form von »Bel Ami« für einen älteren römischen Jubilar, wieder
ein Welterfolg. Casa di Quintili, ein kleines Museum mit Ausstellung, das im Anschluss im Programm steht, scheitert leider an der
Bürokratie der Italiener. Es ist geschlossen, und der nicht mal gut
aussehende Türsteher macht auch bei so einer Gruppe von singenden kulturhungrigen Bellas keine Ausnahme. Bestechung wird
nicht versucht …

Die Frisur sitzt noch und wir machen einen kleinen Spaziergang auf der Via Appia und fühlen uns wie damals im alten Rom.
Mit dem Bus zurück ins Hotel, kurzes Frischmachen (wichtige
Teile, Maske, Frisur) und weiter geht's in verschiedenen Gruppen.
Später Treffpunkt an der Fontana di Trevi, leider nur kurzes Ver-
zücken, denn die Menschenmassen lassen einen kaum die Münze
über die Schulter ins Wasser werfen. Schnell weg hier.

Langsam kehrt der Hunger zurück – heute schon gegessen? Keinen Tropfen. Wir suchen eine Pizzeria auf. Für teures Geld wird dort Pizza und Salata mista gegessen und erfrischendes Birra oder Grappa Dopolo getrunken. Ein Teil ist müde und schlendert gen Hotel, doch wer will schlafen in Rom? Die Gang nicht. Mit unseren Youngsters im Schlepptau geht es in den Irish Pub. Music molte piace und birra auch wieder molto. Erika, unser Geburtstagskind, wird um 24 Uhr vom ganzen Lokal besungen – und das auch noch auf italienisch, wer hätte das gedacht? Die Stimmung steigt, wir spielen Darts in Gruppen, jeweils ein junger Römer und zwei bella Chordamen, es werden stimmungsvolle Postkarten geschrieben (war da nicht etwas mit dem Zahnarzt oder war es doch der Gynäkologe?). Wir schlafen besonders gut diese Nacht. Was für ein Tag!

Montag – Kurze Programmänderung, um 10.30 Abfahrt mit dem Bus zur Sommerresidenz des Papstes »Castel Gandolfo«, vermehrter Tücherkauf, Sitzen im gemütlichen Café bei Prosecco oder birra, heftiges Warten vor der Kirche auf das Brautpaar, traumhafter Blick auf den Lago di Nemi. Der Bus wartet, es geht zur nächsten Speisung. Hoch über dem See auf einer Terrasse mit molto molto Ausblick wartet selbst gemachte Pasta mit Pilzsoße auf uns. Salat, Lamm und Wildschweinstücke tun ihr übriges. Das ganze wieder mit diversen Tröpfchen Wein, die Frisur sitzt immer noch … und wir beschließen das Mahl (wieder mal) mit einer göttlichen Nachspeise, diesmal Waldbeeren mit Eis und Sahne. Jetzt wäre eigentlich das Gehwägelchen angesagt, aber – Sanktus Spiritus – der Bus ist ganz nah. Zur allgemeinen Verdauung wird jetzt im Museo delle Navi Romane das »Ave Maria« gesungen. Das Museum interessiert dabei weniger, die Akustik dagegen ist grandios.

Der Bus wartet … Stop and go, Fahrt zurück zum Hotel. Kurzes Frischmachen (Gottseidank sitzt die Frisur noch) und wir ziehen wieder los. Ein Teil ist erschöpft (wen wundert's?) oder braucht einfach mal seine königlich-bayerische oder Berliner Ruhe (wat mut dat mut).

Piazza Navona mit dem unbeschreiblichen Bernini-Brunnen steht auf dem Programm. Unsere private Kunstführerin erklärt uns die abwehrende Handhaltung des Wassergottes des Rio de la Plata. Dieser schützt sich (quasi) vor dem drohenden Einsturz der Fassade der gegenüberliegenden Kirche S. Agnese, die Berninis ewiger Konkurrent Borromini fertigstellte. Eine römische Legende, denn die Kirchenfassade wurde erst zwei Jahre nach dem Brunnen fertig ... Endlich Roma pur – wir entfernen uns von der Piazza und suchen ein bezahlbares und trotzdem nettes Lokal, wo wir endlich speisen, uns ausruhen und stärken können. Eine kleine Pizzeria (was sonst) scheint uns geeignet. Während wir uns der drittklassigen Speisung (wir hatten ja permanent erstklassige) hingeben, spielen ca. drei bis fünf Ziehharmonika-Männer, wollen drei bis sechs andere irgendeinen Schrott verkaufen, kommen immer wieder. Und wir treffen rein zufällig fast den gesamten Damenchor – alle Wege führen nach – Pizzeria?

Aufbruch, die Ohren schmerzen von der unbestellten Musik, die Nerven liegen blank ob der angebotenen »Kunstwerke«.

Enzo Speziale ist angesagt. Wir finden uns ein am Theater und lauschen Enzos, Annas und anderen unvorhergesehenen Stimmen. Zwischendurch dürfen wir einsteigen in das unvergessene »Parole come Acqua« und geben dem »così« unser Bestes. Dann ist aber finito. Viele sind wirklich müde, schrecken nur zwischendurch hoch, wenn der befreundete Dottore (nicht der Zahnarzt von Sieglinde) am Mikro sitzt.

Buona Notte. Was? Noch ein kleiner Absacker? Birra bei der chinesischen Bar direkt neben dem Hotel? Jetzt schlägt's aber wirklich zwei ... Arrividerci Roma ...

SIEGLINDE EINÖDSHOFER, 1. Stimme

A L M U T   M A H R H O L Z

Wo ist es geblieben?

Eben war es noch da. Vehement, befreiend, Mut machend und stark.

Seit 25 Jahren unser treuester, alles verzeihender, unerschütterlicher Fan.

Es begleitet uns auf gemeinsamen Reisen, Auftritten, Ausflügen und Partys.

Immer ist es bei uns, neben und mitten unter uns – das Wir-Gefühl.

Und wo ist es jetzt? Kurz bevor sich der Vorhang zum Konzert öffnet – Oh Gott – mich hat das Wir-Gefühl verlassen.

Meine neuen, viel zu engen Schuhe an viel zu großen, vom Lampenfieber und Erregung heiß und dick gewordenen, dampfenden Füßen, extra zum Auftritt hineingezwängt, tun weh.

Ich halte es nicht mehr aus!!! Ich singe nicht mit, ich gehe unbemerkt nach Hause, ich schmeiße die Schuhe weg, und überhaupt habe ich keine Lust mehr – ich reiche sofort meine fristlose Kündigung bei der Gudi ein.

»Los, Auftritt, alle lächeln« – der Vorhang geht auf.

»Mein Papagei frisst keine harten Eier« – seit 25 Jahren das Einstiegslied mit großem choreographischem Ausfallschritt.

Da ist es plötzlich – ich habe es wieder – es ist wieder da.

Das Wir-Gefühl. Es muss an ihm liegen, dass ich meine gequälten Füße ab sofort nicht mehr spüre, sondern Lust und Glücksgefühle, mit meinen Chorfreundinnen gemeinsam zu singen.

Im übrigen werde ich beim nächsten Auftritt dieselben Schuhe anziehen …

ALMUT MAHRHOLZ, 2. Stimme

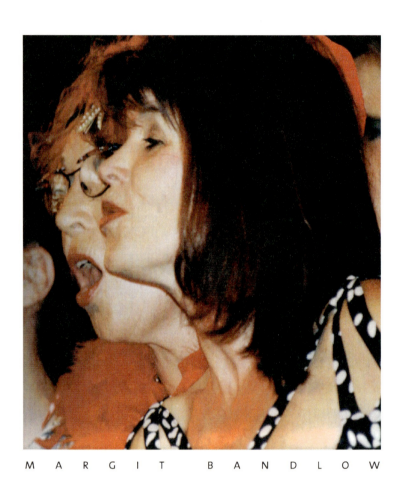

M A R G I T   B A N D L O W

23 Frauen am Rande des Nervenzusammenbruchs und andere Episoden

Berlin ist wieder ganz
Berlin hat wieder Glanz
Berlin, Berlin steigt aus der Gruft
Berlin erblüht im Trabbiduft
Ja, Berlin liegt in der Luft

Das war im November 1989 – die Mauer war gefallen – Deutschland war wieder eins. Alle Medien berichteten, alle Welt nahm Anteil. Auch das Bayerische Fernsehen: »Leos Magazin aus Bayern« – berüchtigt für kessen Klatsch – würdigte das Ereignis auf seine Weise: Der damals regierende Bürgermeister als Mann der Stunde wurde zum »Supermomper« erklärt, Hildegard Knef als Studiogast trug mit brüchiger Stimme ihr »Berlin, dein Gesicht hat Dackelfalten« vor und der Haidhauser Damenchor spielte Befreiung. Eine Pappmauer war ins Studio gestellt worden, über die wir unter Absingen des obigen Textes zu klettern hatten. Christlieb saß irgendwo in der Ecke, sah und hörte uns nicht und fluchte über das wacklige Keyboard, das man ihr hingestellt hatte. Damals waren elektronische Klaviere noch der Alptraum eines jeden Pianisten. Sie fluchte auch über die Noten – schlecht lesbar und für unsere Stimmlage eine Oktave zu hoch. Dabei waren sie doch extra für uns und für dieses Ereignis von dem berühmten Komponisten Peter Thomas geschrieben worden: »Den lieben Damen von Haidhausen!« hatte er sie gewidmet. In B-Dur! Jazzig, ein bissel phrasieren und im Tempo von *New York, New York* sollten wir das nehmen. Und die zweite Stimme mit Duhu und Buhap nach Geschmack!

Das alles beachten und dabei nicht von der Leiter fallen und die Strümpfe nicht zerreißen – das war bestimmt der schwierigste Auftritt, den wir je hatten, aber er hatte historische Dimension! Man kommt schon rum mit dem Damenchor. Einmal waren wir in einer ganz feinen Gesellschaft – einem Golfclub in Bad Tölz. Da hatten die Damen ihr »Schleifchenturnier«. Es war der Höhepunkt der Saison und sollte entsprechend gefeiert werden. Mit Musik und Tombola und einem köstlichen Büffet. Zur festlichfröhlichen Eröffnung war der Haidhauser Damenchor angereist – unter Mitnahme eines elektronischen Klaviers. Es war zwar zerleg- und von stöckelbeschuhten Damen schleppbar, aber dass man sowas überall mit hinnehmen kann, macht es trotzdem nicht zum geschätzten Begleiter. Zwar schon ein verbessertes Exemplar im Vergleich zu dem wackligen Ding bei unserem denkwürdigen Fernsehauftritt, aber immer noch scheppernd der Klang, zu eng die Tasten und kein piano. Nein, darauf kann man höchstens mit Kopfhörern üben in der Nacht. Aber was tut man nicht alles für seine Fans.

Wenigstens brauchten wir nicht auch noch Lautsprecherboxen, Verstärker und Mischpult zu schleppen – alles da, hieß es. Flinke Männerhände hatten auch im Nu alles verkabelt. Für einen Soundcheck war keine Zeit mehr, es musste losgehen, man wartete schon.

Noch schnell die Nasen gepudert, die Lippen gerouget und husch, auf die Bühne! Erwartungsvolle Damenblicke von unten kreuzten erwartungsvolle Damenblicke von oben, fast schon knisterte die Spannung! Da griff Christlieb in die Tasten und es kam – KEIN TON! NICHTS! STILLE! Alles erstarrte. Dann schütterer Applaus – einige hielten das für inszeniert. Aber das nun folgende hektische Gefummel mit dem Titel »Damen am Rande des Nervezusammenbruchs« ließ den Applaus ersterben. Alle Steckverbindungen und Anschlüsse geprüft – nichts! Verzweiflung!

Unser Groupie Herbert war nirgends zu finden, der schlief irgendwo im Auto. Christlieb wälzte die Gebrauchsanleitung, die sie immerhin dabei hatte – auch keine Erhellung. Ohne Klavier singen? Nein, das wird eine Katastrophe!

Jemanden anrufen, der sich auskennt – wir können das Ding doch nicht platzen lassen! Aber wen? Max? Ja, Max, der ist doch Tonmeister! Exfreund – egal jetzt. Er ist zuhause, Gottseidank! Nach Schilderung des Sachverhalts überlegt er kurz: Also, wenn Strom da ist und die Geräte nicht alle gleichzeitig kaputt sind und alles richtig verkabelt ist, gibt es nur eine Erklärung, warum kein Ton kommt: die Lautsprecher sind tot. Das kann eigentlich nur sein, wenn Kopfhörer angeschlossen sind. Die Kopfhörerbuchse schaltet den Kontakt auf die Lautsprecher tot? Es gibt so Buchsen, die manchmal ...Was – Buchsen, Kopfhörer –? Ich lasse ihn gar nicht zu Ende reden, renne auf die Bühne – da liegt Moni in Ihrer Robe unter dem Klavier und ruft: Da steckt ja was hier hinten drin! Es gelingt, dieses kleine »Etwas« herauszubefördern. ES WAR EINE KOPFHÖRERBUCHSE!

Und da war es wieder, dieses köstliche Geschepper! Was haben wir gesungen, was waren die Schleifchendamen begeistert!

Später haben wir noch die Tombola abgeräumt und auch das Büffet und einige halbnackte Herren haben die »Glocken von Rom« dargeboten. Es war ein sehr schönes Fest.

23 Damen brachten – nicht immer, aber immer wieder – eine einzige Dame an den Rand des Nervenzusammenbruchs: unsere Jutta, Chorleiterin für mehr als zwölf Jahre. Als Kirchenmusikerin ihres Zeichens hat sie sich wahrscheinlich aus Abenteuerlust in das Gebiet der leichten Muse begeben, um einem Chor vorzustehen, der zumindest bei Auftritten niemals ein Blatt vor der Nase hat und mehr nach Gefühl als nach Vorschrift singt. Und wo ständig letzte Neuigkeiten auszutauschen sind, egal ob der Einsatz schon gegeben wurde oder nicht. Das ist eine schwere Prüfung für jemand, der gewöhnt ist, mit höchst disziplinierten Berufsmusikern zu arbeiten. Aber der musikalische Stoff ist eben auch für einen Berufsmusiker höchst vergnüglich. Deshalb verdanken wir ihr viele wunderbare Arrangements, die sie uns quasi auf den Leib geschneidert hat. Sie hat uns aus eisigen Höhen gerettet, indem sie etwa die Sopranstimmen im Original eine Oktave tiefer setzte und den zweiten Stimmen übergab. Die Soprane durften dann eine singbare Oberstimme dazu zwitschern. Oder sie hat für die zweiten Stimmen eine musikalische Gegenbewegung erfunden, die Pep und Spannung bringt. Na ja, es hat eben manchmal ein bisschen gedauert, bis wir das »gefressen« hatten, aber wenn es dann

saß, war es wunderbar. Unsere Vorbilder aus den zwanziger und dreißiger Jahren hätten wir sowieso nicht kopieren können und wollen. So ist etwas ganz Eigenes entstanden, was sich musikalisch durchaus hören lassen kann. Und darauf sind wir, dank Jutta, ein bisschen stolz.

An den Rand eines Nervenzusammenbruchs brachte ich den Tangotänzer, der zu unserem zehnten Bühnenjubiläum mit mir eine Tangoperformance einstudierte. Wir hatten Probleme mit seinem Führungsanspruch ...

MARGIT BANDLOW, 2. Stimme

A N G I E W E I N D O R F

Statt der üblichen Gutenachtlieder sang ich Chorlieder

Es begann mit meinem vierzigsten Geburtstag. Ich plante, ein Frauenfest zu feiern, weil ich meine Frauenbekanntschaften aktivieren wollte und mir mehr Kontakt nach außen wünschte. Meine jüngste Tochter Klara war inzwischen drei Jahre alt, meine Großfamiliensituation – ich hatte fünf Kinder und zwei Männer – lag hinter mir. Jedenfalls schwärmte mir eine Freundin von dem Damenchor »Silberner Mond« vor. Ich nahm Kontakt auf, war zwei Mal in der Probe, um mir das anzuschauen. Es hat mir sehr gut gefallen, so dass ich den Chor engagierte.

Mein Beitritt zum Chor war aber nicht geplant. Ich wollte den Chor nur als Act haben. Es war ein gelungener Abend, ich habe es genossen. Wir standen noch an der Bar und Gudrun ermunterte mich, doch mal im Chor vorbeizuschauen.

Ich habe gezögert, einerseits: Wie mache ich das, abends in die Probe gehen? Mein Mann kommt oft erst spät nach Hause. Andererseits: Der Zeitpunkt war günstig, ich konnte mir zugestehen, etwas flatterhafter zu sein.

Es hat mich nicht mehr losgelassen, ich dachte: So eine Gelegenheit ergibt sich nicht wieder. Singen war von Kindesbeinen an meine Leidenschaft. Mein Vater, ein heiß begehrter Tenor im Kirchenchor, hat mir die Freude am Singen erfolgreich vermittelt, singend beim Wandern und in der Badewanne.

Und eines Tages war ich dann im Damenchor, im Kirchenchor war ich sowieso schon, habe also für jede Gelegenheit den passenden Chor. Wenn ich mich nach Innen orientieren will, für die Seelenpflege sozusagen, ist es der Kirchenchor. Obwohl – der Damenchor ist auch Seelenpflege … Davor war ich immer sehr ernst-

haft orientiert, und jetzt die Unbeschwertheit, mal Fünfe grade
sein lassen, das finde ich wohltuend.

Die Kinder fanden das sehr spannend. Die waren immer mal
wieder bei Auftritten mit dabei, besonders Klara hat davon pro-
fitiert, sie ist jetzt 13. Sie kam in den Genuss, dass sie sich statt der
üblichen Gutenachtlieder das Chorrepertoire hat anhören dürfen,
weil ich die Texte ja lernen musste. Die »Lou Lila« war ihr Lieblingslied, und das »Lieschen« hat sie sich auch gewünscht.

Aus meinem eingeschränkten Leben herauszukommen, war
für mich sehr intensiv – und sehr schwierig. Mich auf der Bühne
zu präsentieren – ich dachte, das schaffe ich nie. Ich habe es geschafft, wurde von der Gemeinschaft getragen. Ich kann mich an
ganz liebevolle Ermunterungen aus dem Chorumfeld erinnern.

Die Chorreisen waren für mich die ersten Ausflüge ohne Familie, das war ganz wichtig für mich. Und meine Familie hat mir
das von Herzen gegönnt, hat es sehr geschätzt, dass der Damenchor geholfen hat, wieder mein Eigenes zu entwickeln.

Acht Jahre später: Die Kinder sind alt genug, also versuche ich,
mich auch beruflich wieder einzubringen. Ich bin Fremdspra-
chensekretärin gewesen, ein Beruf, der sowieso nicht meine Sache
gewesen ist. In der eigenen Kinderphase habe ich gemerkt, wie
gerne ich etwas mit Kindern mache.

Ich entschied mich für Musikalische Früherziehung, machte
eine Ausbildung an der Akademie für Musikalische Jugendbildung.
Das hat sich für mich angeboten, weil dafür kein Musikstudium
verlangt wird. Da ist lediglich gefragt, dass man Musik praktiziert.
Ich konnte Blockflötenunterricht angeben, den ich seit 14 Jahren
erst meinen Kindern, dann anderen in Gruppen gebe, und Gesang
in zwei Chören, dem Kirchenchor und dem Damenchor.

Es war ein berufsbegleitender Lehrgang, das heißt, du musst
nachweisen, dass du in der Zeit Gruppen leitest, Kinder unter-
weist in Musik. Ich hielt mich im Großen und Ganzen an das

Lehrwerk, das vom Verband deutscher Musikschulen anerkannt ist. Aus eigener frühkindlicher Erfahrung heraus aber war mir ganz besonders wichtig, den Kindern auch die Freude am Singen zu vermitteln. In dieser Phase musste ich die Chorproben drastisch einschränken. Aber auch hier konnte ich mich auf das Verständnis der Damen verlassen.

Ich habe schon gedacht, dass einige der Spielchen mit den Kindern auch ganz lustig für die Damen des Chors wären. Ich denke dabei an ein rhythmisches Spiel, bei dem man im Takt Steine zur Nachbarin rübertransportiert. Wenn man aus dem Takt fällt, häufen sich die Steine an der »Stolperstelle«. Ein Spiel für die nächste Chorreise nach Rom, am Strand von Ostia vielleicht.

Ich beendete die Ausbildung erfolgreich und arbeite jetzt mit zwei Kindergruppen. Die Anspannung lässt nach und ich kann wieder häufiger in den Damenchor und in den Kirchenchor gehen.

Im Kirchenchor kommen die Damenchorlieder auch gut an. Bei unserem traditionellen Faschingsfest bringe ich meine Mappe mit, singe ein paar Lieder und viele der älteren Damen werden zum Mitsingen animiert, »Capri Fischer, »Kleiner grüner Kaktus«, »Lou Lila«, »Die Puppenhochzeit«. Ich werde schon ein wenig beneidet um diesen sängerischen Ausflug. Ich liebe die Chorlieder wegen der Texte. Seit einigen Jahren gibt es ja wieder neue Gruppen, die Witziges machen, die »Prinzen« zum Beispiel, und die »Wise Guys« mit ihrem »Sommer«-Schlager.

Aus den Flachsereien in den Chorproben entstehen häufig lustige Choreografien. Aus dem Vergnügen entwickelt sich immer etwas Neues. Das würde nicht stattfinden, wenn die Proben abliefen wie im Kirchenchor. Speziell bei den Soli ist jede authentisch, eine glaubhafte Darbietung, in der der Text nicht von der Person zu trennen ist.

Ich weiß, dass der Damenchor nicht professionell ist, wollte aber wissen, ob er auch für Professionelle ein Vergnügen sein kann. Er ist es.

Mein Mann ist Tontechniker, darauf geeicht, jede Unsauberkeit zu hören. Und es ist ihm ein Gräuel, wenn etwas falsch ist. Bei uns kann er schon mal ein Auge zudrücken, da die vorwitzige Darbietung, in der immer auch ein Stück ernsthafte Lebenserfahrung mitschwingt, die falschen Töne relativiert. Sein Bruder, Komponist und Arrangeur, hört ebenfalls jede Kleinigkeit, sagt aber auch: Wenn man die Damen allzu sehr korrigiert, geht ihre spontane Kreativität dabei kaputt. Es ist eine diffizile Sache für einen Chorleiter, das richtige Maß zu finden.

Was mir neben dem Singen großes Vergnügen bereitet ist der Einfallsreichtum der Mädels. Wenn ich vor einem Auftritt in die Garderobe komme und sehe, wie schön sie alle wieder sind, was sie sich haben einfallen lassen, erfreut mich das einfach.

Als ich vor zehn Jahren in den Chor kam, dachte ich: So viele emanzipierte Frauen – dagegen fühlte ich mich als kleines »Hausmütterchen«. Und jetzt gehöre ich dazu und merke, dass hier jede bereit ist, ihre persönliche Lebenserfahrung mit mir zu teilen. Wie wundervoll.

ANGIE WEINDORF, 1. Stimme

MONIKA GEBHART

Niemals hätte ich gedacht, dass Applaus ein so wunderbares Gefühl hinterlässt

Als Kind wollte ich eigentlich Sängerin werden. Meine Mutter hatte nach eigener Aussage Gold in der Kehle, und das hoffte ich von ihr geerbt zu haben. Besonders gerne sang ich »Die Forelle« oder »Am Brunnen vor dem Tore.« Später mit elf oder zwölf Jahren versuchte ich, mit »Zwei blaue Vergissmeinnicht soll'n deine Augen mir sein« den Untermieter des Nachbarn auf mich aufmerksam zu machen. Erfolglos!

Auch im häuslichen Bereich wurden meine musikalischen Ambitionen eher belächelt.

Das änderte sich schlagartig bei meinem Eintritt in den Chor. Endlich bot sich meiner glockenhellen Stimme die Chance auf Öffentlichkeit. In den Chor wollte ich schon länger, seit ich den legendären Auftritt im Hofbräukeller live miterleben durfte, das muss vor mehr als zwanzig Jahren gewesen sein.

Zu dieser Zeit hatte der Chor allerdings Aufnahmestopp, aber kurze Zeit später hat es geklappt. Ich durfte probeweise mitmachen. Ich tat alles, um meine Bewährungsprobe zu bestehen. Yvonne unterstützte mich. Leider war sie nicht mehr lange bei uns, sondern ging nach Wien. Übermütig bereicherten wir damals die Proben durch mehr oder weniger passende kleine choreografische Einlagen. Heute teile ich diesen Spaß mit Sieglinde.

Wichtig für meine persönliche Entwicklung war die erste Solopartie. Es gibt nichts Aufregenderes und nichts Schöneres als ein gelungenes Solo, es gibt nichts Blamableres als einen Texthänger. Doch gerade das war meine Spezialität, vor Aufregung wusste ich oft einfach nicht mehr weiter. Das wurde mir aber von den Damen verziehen und ich bekam nicht nur eine zweite, sondern noch eine dritte und vierte Chance. »Bei der Direktion von der Union, lass ich sie versichern für …« um Gottes willen, für was noch mal? Überhaupt die Soli! Irgendwann bekam ich das herrlich deftige Partnersuchsolo »Ich möcht so gern verheirat' sein, doch find' ich keinen Mo« zugesprochen. Erfolglos, es hat sich noch keiner nach dem Auftritt gemeldet.

Kein Problem, zwei Lieder weiter finde ich dann »in der magisch hellen Tropennacht« – in Wirklichkeit ist es das Theater in der Künstlerkneipe Heppel & Ettlich, wo wir auf der Bühne stehen – als »Laila« den Henny für einen magischen Augenblick. Diesen kostbaren Moment versuche ich dann durch allerlei Ausschmückungen textlich und tänzerisch in die Länge zu ziehen.

Ich bin eigentlich schüchtern und habe Angst, öffentlich hervorzutreten, zu sprechen, geschweige denn zu singen. Diese Angst vor Öffentlichkeit musste ich im Chor überwinden. Das half mir in vielen anderen Lebensbereichen.

Wichtig im Chor ist mir auch die Freundschaft mit den einzelnen Chordamen. Mir kam zugute, dass ich bei den ersten Chorreisen nicht im Voraus um eine feste Zimmerpartnerin geworben sondern eher abgewartet habe, wer auf mich zukam. Dadurch lernte ich fast alle etwas persönlicher kennen. Wenn man sich ein Zimmer teilt, ist das etwas anderes als wenn man immer im großen Pulk ist. Da wir schon in Rom, Paris, London, Wien, Berlin, Capri, Budapest, Prag, Zürich und Brüssel waren, kenne ich fast alle ziemlich gut und habe festgestellt, dass wirklich alle höchst liebenswert sind.

Apropos Brüssel – dort besuchten wir meinen Bruder, der sich sehr engagierte, für uns einen guten Weg zu finden, die europäische Hauptstadt kennen zu lernen. Ich wollte das Programm nicht gerade heimlich machen, aber in aller Stille, ein bisschen mit Überraschung. Daraufhin wäre es fast zum Eklat gekommen, da der

Eindruck entstand, die Damen würden in der großen Stadt alleingelassen – wurden sie natürlich nicht und die Reise wurde für alle ein schönes Erlebnis. Die kleine vorausgegangene Missstimmung schlug bei einem ausgiebigen Glas Prosecco im Hotel »Manhattan« an der Rezeption in die übliche Begeisterung um.

Unvergesslich ist mir die Fahrt nach Winterthur zu einem Auftritt bei Schweizer Feministinnen. Wir versuchten erfolgreich, die lange Anreise mit einem Stängli (Bierdose im Kingsize-Format) nach dem anderen zu verkürzen. Für die schöne Schweizer Bergwelt hatten wir weniger Augen, da wir gefangen waren von Almuts und Krickels Entertainment-Qualitäten. Jedenfalls kamen wir sehr übermütig an, wurden großzügig zu zwanzigst mit einer Flasche Wein willkommen geheißen. Unsere armen Gastgeberinnen, an karge Schweizer Biokost gewöhnt, zwangen wir dann ständig, in ihren wohl gehüteten Weinkeller zu laufen, um unseren unmäßigen Forderungen nachzukommen. Die angeheizte Stimmung steigerte sich, bis wir jäh und abrupt voneinander getrennt wurden und einzeln oder paarweise in privaten Unterkünften unsere gar nicht müden Häupter auf ausgewählte Dinkelkissen legen mussten. Am nächsten Morgen übertrumpften wir einander mit mehr oder weniger schlüpfrigen Geschichten. Das Lachen nahm kein Ende.

Beim Auftritt dann waren wir erstaunlich diszipliniert und nötigten sogar unseren geplagten Gastgeberinnen ehrlichen Respekt ab.

Am Nachmittag besuchten wir das Museum Reinhart mit seinen unglaublichen Bilderschätzen. Die kulturellen Erlebnisse, die jede Chorfahrt bislang begleiteten, sind für mich immer ein Highlight. Ich liebe es ins Museum zu gehen und ich verdanke gerade den Chorreisen in dieser Hinsicht wunderbare Erfahrungen. Bei der Heimreise war die Kultur aber gleich wieder Nebensache, und wir wollten uns über jeden der sich ständig wiederholenden Witze ausschütten. Mit Bauchkrämpfen vom Lachen und völlig erschöpft kamen wir in München an.

Das Besondere einer solchen Reise ist, dass man zwar anfangs zögert, aber nach und nach in einen Zustand absoluter Albernheit schlittert. Die Anwesenheit pikiert schauender Mitreisender wird ausgeblendet. Die verbalen Bälle werden unentwegt geworfen, aufgefangen, zurückgeworfen. Einer der besten Stichwortgeber ist Almut. Darum keine Chorreise ohne Almut, egal wohin, das schönste Ziel verliert erheblich an Attraktivität, wenn sie nicht dabei ist.

Natürlich ist das Dabeisein im Chor nicht immer nur einfach. Nach einem anstrengenden Arbeitstag kann eine Chorprobe schon den letzten Nerv töten und durchaus Aggressionen wecken, die sich Gott sei Dank wieder verflüchtigen. Für Außenstehende sind wir, glaube ich, schon ein komischer Haufen. Mit zunehmendem Alter lassen wir immer weniger die einzelnen zu Wort kommen. Jeder Ansatz eines Satzes wird engagiert, laut, umfassend und vor allem gleichzeitig von allen Chorschwestern diskutiert und kommentiert. Dabei ist es durchaus verständlich, dass Christlieb manchmal vom Klavier aufspringt und die Drohung ausstößt, sofort nach Hause zu gehen. Das betroffene Schweigen nach einem solchen Ausbruch wird immer kürzer.

Interessant ist auch die Stimmung vor größeren Auftritten in der Chorgemeinde. Da liegen die Nerven blank, zittern die Knie und klappern die Zähne, glaubt doch keine so recht ans Gelingen. Einige verarbeiten das dadurch, dass sie ihren »längst fälligen« Austritt ankündigen mit Argumenten, wie »Ich mach mich doch nicht lächerlich in meinem Alter«. Aber natürlich machen wir uns dann wieder gerne lächerlich, wenn's dem Publikum und uns Spaß macht. Es ist immer wieder erstaunlich, wie beim Chorauftritt alle darum ringen, an *einem* musikalischen Strang zu ziehen.

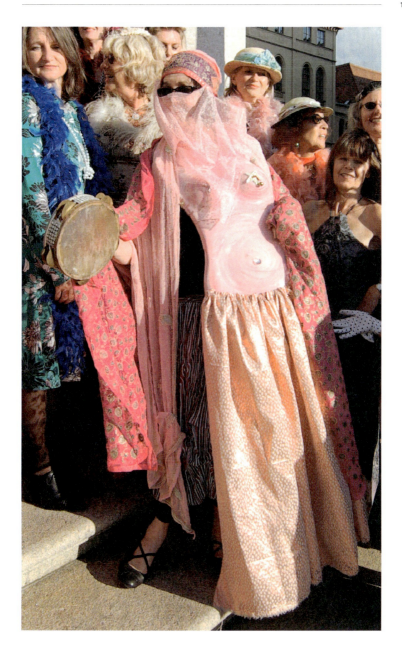

Wiederkehrender Nervenkitzel ist auch beim Einsatz der Requisite geboten. So treibt mir zum Beispiel die Verteilung der grünen Gummihandschuhe für den »kleinen grünen Kaktus« jedes Mal den Schweiß auf die Stirn, da viele hilfreiche Hände hektisch in die Tasche greifen und damit meinen Verteilungsplan ad absurdum führen und ich dann schließlich und endlich meine Kehrtwendung beim Einsatz verpasse und dem Publikum den Rücken zuwende.

Ebenfalls ist das Anlegen des Leila-Kostüms jedes Mal ein kleines Abenteuer, da der Rock viel zu lang ist, so dass ich beim mühsamen Durchschlängeln in den Vordergrund der Bühne nur darauf warte, einmal platt vor dem Publikum zu Fall zu kommen, Henny vor die Füße.

Zu den Texten: Den meisten von uns sind sie nach jahrelangem Proben in die Hirne eingebrannt. Aber gerade durch die Routine treten gerne kleinere Strophenverschiebungen und Wortdreher auf, die dann – Gott sei Dank – von Gudrun geistesgegenwärtig dem Publikum als absichtsvoll dargelegt werden. Auf die wunderbare Fähigkeit von Gudruns Schlagfertigkeit während des Auftritts ist Verlass.

Niemals hätte ich vor meinem Eintritt in den Chor gedacht, dass Applaus ein so wunderbares Gefühl hinterlässt – auch wenn dann unmittelbar nach dem Auftritt, und sei er noch so phänomenal gewesen, die zerfleischende Selbstkritik einsetzt.

Aber es ist doch etwas Wunderbares, dass eine Gemeinschaft so lange bestehen bleibt. Wo gibt es das schon, dass Leute 25 Jahre zusammen sind? Und inzwischen wissen wir alle, dass unsere Gemeinschaft ein kostbares Gut ist, das wir hüten müssen. In diesem Sinne, ich liebe Euch alle!

Monika Gebhart, 1. Stimme

A N G E L A   W E I S S - G R E I T H E R

Am Montagabend beginnt
für mich der Feiertag

Der Chor war ein wichtiger Bestandteil im Leben meiner Schwester Christel. Montags hat sie immer ganz schnell für die Kinder gekocht, damit sie rechtzeitig zur Chorprobe kam. Es war dann auch die Idee meiner lieben Schwester, dass wir unserem Vater zum 60. Geburtstag den Chor zum Geschenk machen.

Ich lebte damals in der Schweiz. Bei meinem nächsten Besuch in München ging ich mit in die Chorprobe und verstand, wie wichtig und schön der Chor für meine Schwester war, fernab von Familie und sonstigen Verpflichtungen. Sie hatte sich viel zu viel aufgeladen, wir haben es nicht verstehen können, aber es war ihr Leben ...

Die Geburtstagsfeier fand im Hotel Continental statt, einem konservativen Münchner Haus, über hundert Gäste waren eingeladen. Es wurde auch das Lied »Was machst du mit dem Knie, lieber Hans« gesungen, allein schon wegen der Zeile: »Und im Hotel Continental, da wirst du mir sentimental«. Die ganze Familie war anwesend und alle waren hingerissen von Christel und »ihrem« Chor, der jetzt auch »mein« Chor ist. Christel hat total gut da hineingepasst, lustig, undiszipliniert, dazwischenquatschend, jeder hat da noch schnell geschwätzt, wie es sich gehört für Frauen. Ich finde das nicht negativ. Man sollte mal auf einen afrikanischen Markt gehen, da geht es genauso zu ... Der 65. Geburtstag meiner Mutter wurde ebenfalls groß gefeiert, mit dem Chor im Romantik Hotel Lindner in Bad Aibling. Und wie da der Vetter Franz um die Chordamen herumgeschwänzelt ist ...

Meine beruflichen Anfänge fanden übrigens in Christels Münchner Wohnung statt. Ich wollte Musikantin oder Heilpraktikerin werden, entschied mich dann aber für das zweite. Damals spielte ich ziemlich gut klassische und Flamenco-Gitarre, ist schon traurig, dass ich nicht mehr spiele, aber ich musste es aufgeben wegen meiner Arbeit.

Gesungen habe ich leidenschaftlich gern – mit Christel im Auto, vorzugsweise Chorlieder, auch um die Kinder zu unterhalten und zu beruhigen. Und ich musste feststellen, dass meine Schwester die Texte nicht gut konnte.

»Mein kleiner grüner Kaktus« und »Mein Papagei frisst keine harten Eier« – das waren unsere Favoriten, das absolut Unsinnige hat uns gefallen. Daran muss ich jetzt denken, denn ich habe fünf Kanarienvögel geschenkt bekommen mit dem Rat, ihnen harte Eier zu geben, weil dann das Gefieder schön gelb wird. Und sie lieben harte Eier … Eigentlich widerstrebt es mir, Vögel in einen Käfig zu setzen. Auch ich brauche keinen goldenen Käfig, sondern meine Freiheit. Aber die Vögel wollen nicht fort fliegen, auch wenn der Käfig offen ist …

Es war geplant, dass ich nach 16 Jahren Schweiz mit meinem Mann und den Kindern zurück nach Deutschland in die Nähe meiner Eltern ziehe. Christel und ich hatten die Idee zusammen zu wohnen. Wir haben uns sehr darauf gefreut und Christel sagte, dann musst du auch in den Chor kommen. Ich konnte mir das sehr gut vorstellen, jeden Montag Spaß haben. Aber ich bin zu spät nach München gekommen. Sie ist ein halbes Jahr vorher gestorben, leider, leider, leider.

Ich dachte mir, ich kann doch nicht einfach in ihre Fußstapfen treten, fragte mich, ob der Chor Christel gegenüber nur ein Versprechen einlöste, als einige zu mir sagten: Du musst in den Chor kommen.

Mein Mann Willi war zuerst auf Alarmstufe Fünf, fürchtete fortschreitende Emanzipation, denn für Schweizer Verhältnisse war ich schon sehr emanzipiert, weil ich als einzige in der Umge-

bung trotz Kinder und gesichertem finanziellen Hintergrund ge-
arbeitet habe. Der Chor ist schon eine sehr geballte weibliche
Kraft … Aber Willi hält's gut aus.

Jetzt stehe ich im Chor auf dem Platz meiner Schwester und
fühle mich akzeptiert. Ich glaube, ich spiele eine andere Rolle als
sie. Sie kam herein und ihre Fröhlichkeit war ansteckend. So habe
ich das jedenfalls empfunden. Ich bin mehr der ernstere Typ, brauche mehr Zeit, bis ich warm werde, beobachte gern, schaue mir
etwas lange an, fühle mich in die Umgebung ein, will wissen, was
die Menschen emotional bewegt. Die emotionale Intelligenz interessiert mich, nicht der IQ sondern der EQ, und der ist hoch im
Chor.

Im Allgemeinen vernachlässigen das viele Frauen, weil es ge-
sellschaftlich niedergemacht wird – in Deutschland und besonders
in der Schweiz. Es ist die reine Lebenslust, die im Chor gelebt wird,
und diesbezüglich unterstützt auch jede die andere. Natürlich gibt
es verschiedene Auffassungen und Meinungen, Eifersüchteleien.
Streit gehört dazu, dadurch lebt man erst richtig. Schau dir mal die
Vogelarten an, wie die zusammenleben. Die können das nur, weil
sie es auch wollen. Sie könnten ja wegfliegen, aber sie hocken auf
einem Platz und schimpfen wie die Rohrspatzen, obwohl sie den
ganzen Himmel für sich haben – weil sie die Nähe wollen.

Ich lebte auf dem Land in der Schweiz, jetzt bin ich wieder auf
dem Land, vierzig Kilometer von München, wo ich einst mein eigenes Leben geführt habe, entfernt. Und jetzt ist es zurückgekehrt,
mein eigenes Leben, denn ich bleibe jeden Montag nach der Chorprobe in der Stadt, übernachte im Häuschen meiner Großmutter.
Am Montagabend beginnt für mich der Feiertag, bis Dienstagabend. Da muss mein Mann zu Hause alles allein weiterführen.
Diesen Freiraum habe ich mir geschaffen.

Der Chor ist für mich wie ein Heimkommen, ein Vertrautsein,
ein Fallenlassenkönnen als Frau, man muss sich nicht behaupten,

und die Hühnerhofhackordnung ist nicht besonders ausgeprägt. Man kann dort weitermachen, wo man aufgehört hat...

In der Schweiz muss man sich immer wieder neu behaupten, da ist ein rechtes Gehacke, Frauenfreundschaften in meiner Altersgruppe sind eine Seltenheit, Solidarität unter Frauen ebenso.

Auch das Künstlerische im Chor gefällt mir, man wird immer wieder aufgefordert, etwas Eigenes hineinzubringen. Da habe ich noch meine liebe Mühe, echte Hemmungen, ein Solo zu singen. Nicht wegen des Textes, aber ich fühle mich allein auf der Bühne, obwohl der Chor da ist. Jetzt nehme ich einmal im Monat Gesangsunterricht. Die Lehrerin versucht, etwas aus mir herauszukitzeln.

Apropos Chorreisen: Ich finde sie einmalig. Wie die Franzosen sagen »magnifique«! Sie sind so bereichernd, so lustig ... Unglaublich kreativ. Wir werden einfach mit jeder Situation fertig! Wenn ich nur allein an die Zugfahrt nach Rom denke! Das war ja schon ein Paradebeispiel. Und das beweist wieder einmal, wie geduldig Frauen sind. Mit uns kann man es ja machen. Es fehlt nicht an Esprit, Humor, an Spaß und an durchgemachten Nächten. Natürlich ist die Musik immer mit dabei.

Christel hat mir gut getan, weil sie anders war als ich – immer lustig und witzig, wie italienische Musik. Aber in Sachen Textlernen und Pünktlichkeit bin ich ganz wie sie – leider. Interessant war für mich auch, was jede der Chorfrauen von Christel erzählt hat – und erzählt. Jede hatte eine andere Beziehung zu ihr, da hat sich für mich ein Bild zusammengesetzt, geschlossen. Ich hatte ja hauptsächlich das familiäre Bild. Mir ist bewusst geworden, wie viel sie mit jeder vom Chor geteilt hat. Und für alle lebt sie weiter im Chor, das macht mich glücklich.

ANGELA WEISS-GREITHER, 1. Stimme

ROZSIKA FARKAS

Der Chor schenkt
intensive Momente

Kennen gelernt habe ich den Chor, als ich viel mehr Zeit hatte als jetzt. Mein Sohn Ruben war kein Baby mehr, und beruflich war ich noch nicht so eingespannt. Ich kannte Ingeborg, die damals schon im Chor war, von Ausstellungen her. Sie war mit einem Maler befreundet, ich schrieb über Kunst. Durch Ingeborg lernte ich Suzanne und Angelika kennen – die ebenfalls beim Silbernen Mond sangen. Es liefen also einige Fäden in Richtung Chor zusammen.

Ich erinnere mich an den ersten Auftritt, den ich gesehen habe, im »Schlachthof«, es war wohl der »Tanz in den Mai«. Alle Frauen, die damals auf der Bühne standen, lernte ich später kennen. Merkwürdigerweise aber sehe ich, wenn ich daran zurückdenke, am deutlichsten eine vor mir, die längst nicht mehr dabei ist: Yvonne, damals Wirtin in der Kneipe »Alte Kirche«. Sie hatte etwas unglaublich Freches, Draufgängerisches, etwas Wüstes im attraktiven Sinne – eine beeindruckende Bühnenpräsenz.

Diesen Chor-Auftritt habe ich als etwas unglaublich Buntes in Erinnerung, ein bunter Wirbel, voller Temperament. In der Pause ging ich in die Garderobe zu Suzanne, Geli und Ingeborg und begegnete erstmals Christlieb. Ich sagte ihr, wie begeistert ich sei und dass ich selig wäre, mitmachen zu dürfen. Ablehnung kam nicht, eher: Warum nicht? Nur – momentan wurde niemand gebraucht.

Nach einer gewissen desaströsen Chor-Reise – von der ich nur vom Hörensagen weiß, ich war ja nicht dabei – ging ein Türchen auf. Einige verließen »nach Mallorca« den Chor, und so wurde Platz. Ich gehörte zu den vier Neuen, die im Chor aufgenommen wurden. Das erste Lied, das wir damals einstudierten, war »Schöne Isabella von Kastilien«. Ein bisserl frustriert war ich nur, weil es hieß, es würden vor allem zweite Stimmen gebraucht. Zum Trost sagte man mir: »Vielleicht kannst du ja später wechseln.« Adé, Sopran, adé Melodiestimme! Na ja, mit den Jahren ist meine Stimme soweit runtergerutscht, dass ich die erste Stimme gar nicht mehr singen könnte. Also stehe ich in der zweiten doch auf dem passenden Platz.

Sähe ich heute den Chor zum ersten Mal, würde ich mich gern wieder artig am Ende der Warteschlange anstellen, um eines Tages dazu gehören zu dürfen. Es war spannend für mich, in die Gemeinschaft hineinzuwachsen, die einzelnen Frauen kennen zu lernen. Inzwischen ist der Chor so selbstverständlich ein Teil meines Lebens, dass ich ihn mir unmöglich wegdenken kann. Einzelne Lieder wurden auch zu Hause wichtig: Mein Sohn liebt das Lied vom Papagei am meisten. Und meine Tochter wünschte sich vor dem Einschlafen immer: »Singe Bella Bella Bella« – ich sollte ihr die Caprifischer vorsingen.

Hiltrud, Sieglinde und Lilli sind für mich die markantesten, unverwechselbarsten, eigenständigsten Sängerinnen – absolut nicht austauschbar. Wenn Hiltrud mit ihrer glockenhellen Operettenstimme singt, ist es ein Genuss, daran kann man sich überhaupt nicht satt hören. Sieglinde wiederum könnte sich ungeschminkt und im Blaumann auf die Bühne stellen, sie würde trotzdem Eindruck machen: Sexappeal, Stimme, Bewegung, Mimik – sie hat es einfach drauf. Und wie Lilli mit ihrer vollen, tiefen Stimme die Capri-Fischer singt, ist einmalig, absolut unersetzbar, obwohl es immer wieder mal Versuche in dieser Richtung gab. Auch ich habe es einmal probiert, ein müder Abklatsch. Bei Lilli steht etwas dahinter, was nur von ihr kommen kann. Ansonsten kann man füreinander einspringen, was ja auch gut ist. Bei den Soli würde ich grundsätzlich für eine Zweitbesetzung plädieren.

Es ärgert und es wurmt mich, an keiner Stelle meines Lebens dem gerecht zu werden, was ich möchte, weil es mir immer an Zeit fehlt. Mit hängener Zunge mache ich »divino«, das Weinmagazin, das ich vor mehr als fünf Jahren in einem Anfall von Größenwahn gegründet habe und wo ich Chefredakteurin, Sekretärin und Putzfrau in Personalunion bin. Weil ich davon nicht leben kann, habe ich daneben noch meine Brot-Jobs. Mein Engagement im Bezirksausschuss Schwabing, wo ich für die Grünen bin, ist derzeit eher unzulänglich, und auch für den Chor finde ich seltener Zeit als mir lieb ist. Mein Problem: Alles ist mir wichtig, ich wüsste nicht, was ich weglassen könnte.

Zwischendurch war ich sogar noch in einem zweiten Chor, dem Kirchenchor der Erlöserkirche. Erika Spieß sang dort. Sie wusste, dass ich Verdi liebe und erzählte mir, dass das Verdi-Requiem das nächste Projekt sei. Konzentration auf die Musik, präzises Singen unter einem strengeren Regiment – das fand ich reizvoll. Ich ging in die Chorprobe, musste anschließend vorsingen und durfte dann mitmachen. Wochenlang und an Wochenenden studierten wir dieses Requiem ein. Und am Schluss hieß es, dass bei der Aufführung in einer Münchner Kirche nur mitsingen dürfe, wer davor auch in Bonn dabei ist, wo der Chor gastierte. Da konnte ich wegen beruflicher Termine nicht mitfahren und war so von der Aufführung ausgeschlossen. Das fand ich ziemlich grausam und auch völlig unangemessen. Die Pointe war dann für mich, dass die Münchner Aufführung in einer unbeheizten bitterkalten Kirche stattfand: Ich, die Verstoßene, saß bequem im dicken Mantel in der ersten Reihe, und die Chorleute standen schlotternd in ihren dünnen Fähnchen. Sie haben sehr schön gesungen, und ich habe es genossen.

In unserem Chor ist es völlig anders: »Schön, dass du da bist«, heißt es, wenn man nach einer Auszeit wiederkommt. Was für eine wunderbare, liebevolle Einstellung! Wenn man sich mal ausklinkt, aus Zeitnot oder einer persönlichen Krise heraus, darf man jederzeit wiederkommen. Allerdings leiden, wenn man zu selten

da ist, die persönlichen Kontakte; man muss selbst Initiative ergreifen und wieder aktiv werden, das fällt nicht immer leicht.

Aber man wird auch reingeholt, wie jetzt von Anna in das von
ihr gemalte Chorbild. Zunächst war ich mal wieder in Zeitnöten,
der erste vereinbarte Termin zum Modellsitzen platzte. Schließlich
klappte es, ich kam in Annas idyllischen Garten und traf dort die
Chorfreundinnen: Sie schauten mich von der Leinwand herab an,
jede einzelne ganz sie selbst, alle zusammengefasst auf einer Rie-
senleinwand. Anna hat uns mit diesem Bild unglaublich viel Aufmerksamkeit geschenkt. Und Aufmerksamkeit ist eines der größten Geschenke, die man machen kann. Wie sie sich in uns
eingefühlt und die Persönlichkeit jeder einzelnen erfasst und um-
gesetzt hat, ist phantastisch.

Obwohl ich Mühe hatte, den ersten Termin zu schaffen, freute
ich mich, noch einmal kommen zu »müssen« – in Wahrheit war es
ein »dürfen«. Ich würde liebend gern auch ein drittes und viertes
Mal hinfahren.

Es gibt viele, auf ganz unterschiedliche Weise intensive Mo-
mente mit dem Chor. Großartige, prallvolle Erlebnisse und schöne kleine beschauliche. Zum Beispiel unser zehnjähriges Jubiläum
im Lustspielhaus; alle waren da, der Saal war heillos überfüllt, im
Publikum hatte jede von uns ihre liebsten Menschen sitzen. Die
Stimmung war unbeschreiblich, ein großer Glücksmoment. Ein
völlig anderes Beispiel: Wien während einer Chorreise. Wir waren im Kunsthistorischen Museum und Anna, Moni und ich en-
gagierten spontan einen Privatführer, um uns die Gemälde von
Giorgione erklären zu lassen – für mich, die doch schon viel Zeit
mit dem Betrachten von Bildern verbracht hat, war das einer der
schönsten Museumsbesuche.

Dann gibt es noch ein Geschenk, das ist Thomas Scherbel, unser neuer Chorleiter. Er kriegt uns auf eine sanfte Art, mit milder
Ironie: Zuerst zeigt er uns, wie es klingen sollte – und dann, was

bei uns verloren geht. Und sagt dann nur: »Das ist schade.« Das klingt putzig, kommt aber bei uns an. Irgendwie gelingt es ihm wie keinem zuvor, etwas aus uns herauszulocken. Nett ist auch, wenn wir ihm ein Lied zum ersten Mal vorsingen und er sagt: »Ja, da sind schon ein paar gute Sachen dabei.« Wenn wir es schaffen, ihn mit unserem Gesang zum Lachen zu bringen, haben wir gewonnen.

Rozsika Farkas, 2. Stimme

N A D I N E   K A G E R E R

»Wenn ich mir was wünschen dürfte ...«

Als Jüngste im Chor, altersmäßig und erst seit drei Jahren dabei, möchte ich kurz meine persönliche Motivation dem Singen gegenüber kundtun. Ich habe angefangen, mir für das neue Jahr Dinge zu wünschen, die mir sehr am Herzen liegen – also keine guten Vorsätze, sondern Wünsche. Silvester 2003 hatte ich den großen Wunsch, wieder in einer Band zu singen. Ich stellte mir eine Männerband etwa in meinem Alter vor, vier oder fünf Musiker. Ich hatte mir ausgemalt, wie wir durch die Clubs ziehen und tolle Musik machen, Velvet-Underground-mäßig. Der Impuls in dem Moment war das Singenwollen, der hat mich das ganze Jahr über begleitet.

Seit ich 16 bin habe ich Straßenmusik gemacht, sowohl in München als auch in Dublin, wo ich ein Jahr lebte, zusammen mit einem Freund oder Leuten, die gerade da waren – Irish Folk und solche Sachen. In Chören sang ich einige Jahre.

Aber dann sollte es ein bisschen anders kommen. Während meines Studiums der Kunstpädagogik traf ich auf eine ältere Kommilitonin, Krickel, die eines Tages fragte, ob nicht jemand von uns Jüngeren Lust hätte, in einem Damenchor mitzusingen. Ich sagte: Klar, gerne, unbedingt. Dann jedoch verlor ich die Idee aus den Augen, genauso wie ich Krickel aus den Augen verloren hatte. Ein paar Monate später fragte mich meine Studienfreundin Maria, die jetzt ebenfalls im Chor singt: »Wollen wir uns den Chor nicht mal ansehen?« Sie hatte von einem Auftritt anlässlich des zwanzigsten Chor-Jubiläums im Münchner »Schlachthof« gehört.

Es war ausverkauft, wir bekamen aber noch Karten für die Zusatzvorstellung. Ich wusste nicht, was uns erwartete. Die Atmosphäre im »Schlachthof« war von Anfang an geladen, und als der Chor auf die Bühne kam, wurde wild applaudiert. Ich war beeindruckt von dieser Truppe von Frauen, die in ihrer Unterschiedlichkeit auffallend ist. Dass der Chor wahnsinnig professionell ist, war nicht mein Eindruck, und gerade das hat mich von Anfang an in den Bann gezogen. Beispielsweise wurde sich auf der Bühne noch an der Nase gekratzt, getuschelt und dergleichen.

Natürlich war ich auch vom Repertoire begeistert – vieles kannte ich nicht –, aber vor allem von der Art und Weise der Performance. Einzelne Textpassagen waren oftmals kleine Soloparts und wurden von jeder auf ihre Art interpretiert.

Und während eine nach vorne trat und ihr Solo sang, sah man andere mitzittern und ihre Lippen mitbewegen in der Hoffnung, dass die Wörter richtig kommen und die Laute.

Ganz besonders großartig fand ich Gudruns Ansagen, die das Berlinerische rüberbringen, etwas zunächst Erstaunliches und Erfrischendes, wenn man einen Haidhauser Damenchor vor sich hat und dann die Berliner Einschnitte hört.

Ungefähr beim Lied vor der Pause höre ich mich zu Maria sagen:»In diesem Chor zu singen wäre mein absoluter Traum.« Das war beim Lied »Ich reiß mir eine Wimper aus …«. Wir sprachen mit Krickel. Sie war von Anfang an sehr zuversichtlich, meinte, kommt einfach vorbei zu den Proben.

Wir kamen nach den Sommerferien den ersten Montag ins Haidhausen-Museum und ich wusste nicht, was uns erwartet. Krickel jedenfalls nicht, sie war nicht da und Gudrun fragte:»Wer seid ihr?« »Naja, wir sind Kommilitoninnen von Krickel und wollen gern zuhören«, sagte Maria. Und ich dachte: Eigentlich wollen wir ja mehr. Dann saßen wir wochenlang und hörten zu, was durchaus nett war, weil wir die einzelnen Individuen ein klein wenig kennen lernten. Zugleich habe ich stark die Dominanz, die von der Gruppendynamik ausgeht, wahrgenommen. Und ich hatte das Gefühl, dass es viele Insidergeschichten gibt.

Gudrun habe ich als ein wenig direktiv erlebt und hatte ein bisschen Respekt. Ich dachte, das Letzte, was ich will, ist, mich irgendwo aufzudrängen. Damals stand die junge Musikstudentin Antje vor dem Chor, die uns aufforderte, zumindest bei den stimmlichen Aufwärmübungen mitzumachen. Ich war erleichtert. Wir sangen mit, aber sobald das Einsingen zu Ende war, setzten wir uns wieder brav auf unsere Stühle, bis uns Krickel nach vier oder fünf Monaten aufforderte, einfach mitzusingen. Am Anfang sah ich vor allem in der zweiten Stimme einzelne Verbündete, Almut, Anna, Erika, die uns gezielt unterstützten, Mut machten. Wenn das nicht gewesen wäre, hätte ich den Einstieg nicht geschafft.

Und dann war das große Glück, dass bei der bereits vorher gebuchten Chorreise nach Prag ein Platz frei geworden war. Innerhalb von ein paar Stunden organisierte ich einen Babysitter und fuhr mit dem Chor drei Tage nach Prag. Mein Sohn war damals zwei Jahre alt.

Auf dieser Reise bin ich Almuts »Zivi« geworden, im Prinzip sind wir glaube ich Hand in Hand durch Prag gelaufen. Im Prager U-Bahn-Netz fand ich mich sehr schnell zurecht, da waren die Damen recht dankbar. Und am zweiten Abend in Prag, als wir nach einem wahnsinnigen Lachanfall in der U-Bahn in die Hotelbar gingen, sagte ich: »Jetzt brauche ich einen Schnaps.« Im Nachhinein erzählte mir Lilli, wie sehr sie diesen Moment mochte, und ich hatte das Gefühl, dass ich seit diesem Zeitpunkt wirklich dazu gehöre.

Musikalisch fühle ich mich ausgelastet im Chor. Momentan habe ich keine Zeit für mehr Engagement. Ich würde sagen, dass sich für mich weit über das Musikalische hinaus durch die Chorgemeinschaft eine Welt geöffnet hat, die es mir ermöglicht, Einblicke in Dinge zu bekommen, mit denen ich mich sonst sicher nicht so differenziert auseinandergesetzt hätte, wie Älterwerden zum Beispiel.

Das ist echte Lebenshilfe. Sowohl die Liedtexte ermutigen als auch die Erlebnisse und Erfahrungen jeder einzelnen.

Meine Wünsche fürs nächste Silvester weiß ich schon jetzt: als erstes Kunsttherapeutin werden und dann Individuation = Selbstwerdung, das ist mein großes Vorhaben, auch dafür ist der Chor eine gute Bühne.

Im übrigen bin ich gespannt, wieweit mir durch den Chor ein neues Männerpublikum – Almut würde »Material« sagen – begegnet. Ist ja eine Zielgruppe, die ich sonst nicht so häufig treffe …

Nadine Kagerer, 2. Stimme

MARIA HABRES

Im Chor ist man an der Quelle, da gibt es viel zu sehen

Beim Wein im »Adria« hörte ich von meiner Kommilitonin Krickel, mit der ich Kunstpädagogik und Kunstgeschichte studierte, erstmals etwas über den Haidhauser Damenchor Silberner Mond. Sie sprach davon, dass jüngere Verstärkung gebraucht würde. So jung bin ich nun auch nicht mehr, da falle ich schon mal nicht drunter, dachte ich mir, aber meine Freundin Nadine.

Wir wussten dann von einem bevorstehenden Konzert auf dem Mariahilfplatz in Haidhausen. Das schafften wir nicht, aber ein Jahr später sollte es klappen.

Ich war neugierig auf das Konzert, weil ich Krickels Persönlichkeit interessant finde. Sie fällt auf unter jungen Leuten, auch vom Stil her. Ich dachte mir, da gibt's bestimmt noch mehr davon.

Ich war völlig von den Socken, als ich die Damen auf der »Schlachthof«-Bühne sah und die Liedtexte hörte. Ich kannte nur die Refrains aus meiner Kindheit, ich glaube von der Mutter. Denn mein Vater war Kirchenorganist. Schon als Dreijährige ging ich mit ihm in die Kirche zu den Chorproben. Es gefiel mir, dass alle dastanden, in verschiedenen Stimmlagen sangen und ein Stück entwickelten. Später sang ich dann auch mit im Kirchenchor. Aber während der Pubertät entfernte ich mich schon aufgrund meiner oppositionellen Haltung von dieser Musik.

Ich sang erst wieder vor einigen Jahren bei den Projektchören in der Schule mit. Schüler des Schulchors, Eltern und Lehrer haben ein ganzes Jahr lang die Carmina Burana geübt, regelmäßig einmal in der Woche, es war ein musikalischer Austausch mit Edinburgh. Dann kam eine Schulklasse aus Schottland, wir übten noch mal eine Woche lang gemeinsam und traten einmalig im Carl-Orff-Saal in Münchens Kulturzentrum Gasteig auf, 120 Leute standen auf der Bühne, ich war eine unter vielen. Da fühlte ich mich gut aufgehoben.

Das war etwa parallel zur Begegnung mit dem »Silbernen Mond«.

Wie gesagt, als ich den Damenchor erlebte, dachte ich nicht ans Mitsingen, konnte mir nicht vorstellen, ein Solo vorzutragen. Das war überhaupt nicht meine Ambition.

Ich bin gern mit Nadine montags in die Chorprobe gegangen. Das war mehr für mich als nur Dasitzen und Zuhören, es war jeden Montag ein kleines Konzert, immer etwas anderes. Mir sind Lieder begegnet, die ich kannte, die »Elisabeth« zum Beispiel.

Schon bei den Stimmübungen, die wir dann mitmachen durften, war ich ziemlich gestresst. Doch nach einigen Monaten gehörte ich dazu, war am Anfang immer ganz hinten gestanden, wollte auf gar keinen Fall in die erste Reihe, obwohl ich Bühnenerfahrung hatte – wenn auch keine eigene.

Aufgrund meiner Kunst-, Textil- und Modeausbildung und verschiedener backstage-Jobs, Modenschauen, Kostümausstattung für freie Theatergruppen wusste ich, dass Schauspieler und Models immer in alten Jeans und Hemd daherkommen. Aber sobald sie auf die Bühne gehen, machen sie sich ganz toll zurecht.

Jetzt nach über zwei Jahren im Chor mache ich das auch. Das ist eine tolle Gelegenheit, sich vor den Spiegel zu stellen und sich richtig anzumalen. Mit Kindern ist ja so etwas deplaziert. Also rücke ich jetzt meine äußeren Vorzüge in besseres Licht, das heißt, überhaupt ins Licht. Das Auffallen gehört irgendwie dazu.

Bisher habe ich noch kein Solo, bin nur Ersatz für einige, wenn sie nicht da sind. Ich dränge mich nicht auf, weil ich genügend beschäftigt und ausgelastet bin – mit den Texten, mit dem festen Montagstermin, mit den bevorstehenden Auftritten, mit dem

Überlegen, was ich anziehe. Es ist ein neuer Abschnitt in meinem Leben, dass ich mich auf Flohmärkten nach schönen Kleidern und Hüten umschaue.

Die Texte lerne ich hauptsächlich am Montagabend. Ich nehme mir zwar vor, immer wieder reinzuschauen, aber dazu habe ich nicht viel Zeit. Die Wiederholungen bei den Proben bringen ganz viel. Ich habe das Gefühl, noch etwas vor mir zu haben, ich kann noch viel lernen im Chor, kann mich weiter entwickeln.

Meine Söhne Magnus, 16 Jahre alt, und Niko, 20, sind begeistert von diesem gesamten Chor und auch von dem, was die Mama dabei macht. Vom Repertoire kannten sie nur den »kleinen grünen Kaktus« aus der Schule. Sie wussten nicht, dass es so gewitzte alte deutsche Schlager gibt, das hat sie völlig überrascht. Insofern leistet der Chor auch eine wichtige deutsche Kulturarbeit, die das Goethe-Institut unterstützen sollte.

Ansonsten beansprucht die Kunst meine Zeit. Seit nunmehr dreißig Jahren arbeite ich künstlerisch, male ich, zeichne Porträts und organisiere Kunstkurse und Ausstellungen (auch meine eigenen).

Der Chor inspiriert mich. Ich schaue mir Menschen auch unter dem Aspekt an: Was drückt das Gesicht aus? Welche Lebenserfahrung spiegelt sich? Und da ist man ja im Chor an der Quelle, da gibt es viel zu sehen …

MARIA HABRES, 2. Stimme

ERIKA WERNER

Das innere Lächeln –
daran denke ich oft

Den Chor hatte ich schon länger beobachtet und dachte mir, da würde ich wahnsinnig gern mitsingen. Ich hatte Chor-Erfahrungen und sowieso ein Faible für diese Lieder, für die Witzigkeit der Texte, fürs Verkleiden von kleinauf. Ich erinnere mich an einen Auftritt zur Eröffnung der neuen U-Bahn-Endstation in Fürstenried in einem furchtbaren städtischen Allzweckraum. Der Damenchor hatte ordentlich zu tun, in dieser Atmosphäre die Leute mitzunehmen. Ich war wieder mal total begeistert und beschloss: Jetzt packst du es an.

Als ich montags in der Chor-Warteschleife saß und darauf wartete, aufgenommen zu werden oder nicht, kriegte ich mit, dass eine Chorleiterin fehlte. Ich dachte mir, machst du dich mal schlau … Eine Kollegin wusste von einer Kirchenmusikerin in der Blumenau, die durchaus noch andere Ambitionen hat, die zum Beispiel ein Salonorchester leitet. Ich rief Jutta an, erzählte ihr von dem Chor, dem Repertoire der 1920er und 30er Jahre, von zwanzig individualistischen Frauen und dass das alles sehr lebendig aber auch chaotisch sei. Sie zeigte Interesse. Wir verabredeten eine Montagsprobe zum gegenseitigen Kennenlernen.

Wir trafen uns in der U-Bahn mit Erkennungsmerkmal »Noten«, denn wir hatten uns ja noch nie gesehen. Ich war sehr aufgeregt, wie es laufen würde. Da wir beide gemeinsam zur Probe kamen, setzte sich bei allen anderen fest, dass wir befreundet sind. Das blieb uns auch.

Jutta Michl hörte sich einiges an, stellte sich vor den Chor, begann mit der Arbeit, legte los und war – als mit Abstand Jüngste im Chor – gleich angenommen. Ich war erleichtert, ihre Kompetenz und Kreativität kamen rüber. Ich wusste ja schon, dass sie Konzerte gibt, komponiert, dass sie sehr fit und auch sehr ordentlich und zuverlässig ist. Das haben Kirchenmusiker an sich, durchaus etwas Gutes für einen Chaotenverein. Sie hat auch zu schätzen gewusst, dass gerade dieses Chaotische – so sehr es sie auch genervt hat – unsere Lebendigkeit und Vielschichtigkeit ausmacht.

Dass sie als Chorleiterin kommt und engagiert ist, war sofort klar. Aber ich? Also weiter in der Warteschleife, bis Gudrun mich wenig später anrief und sagte: »Dann müssen wir dich ja auch nehmen.« Das war heftig, und ich stand erstmal ganz blöd da. Aber ich dachte: Da beiße ich mich durch, weil mir viel daran gelegen ist, mitzusingen und dabei zu sein. Ich glaube, dass ich durch diese Art der Aufnahme einige Zurückhaltung an den Tag gelegt habe und auch sehr vorsichtig gewesen bin, Kontakte zu knüpfen. Damals war ich beruflich sehr engagiert.

Irgendwie hat es mir dann auch gepasst, mich in dieser Gegensätzlichkeit aufzuhalten, im Chor weniger in die Hand zu nehmen und zu organisieren, mehr zu schauen und abzuwarten.

Das Schlüsselerlebnis war vielleicht nach drei Chorjahren eine schwere Erkrankung, Operation, Klinik. Am Entlassungstag holte mich eine Freundin ab und stellte mich abends zum Auftritt auf die Bühne. Der Chor wollte, dass ich komme und ich wurde auch noch gefragt, ob ich vielleicht ein Extra-Solo haben möchte. Das wollte ich natürlich nicht, weil ich an der Grenze war. Das fand ich aber derart süß und es hat mir soviel Kraft gegeben. Ein gutes Zeichen – vom Krankenbett in den »Schlachthof« auf die Bühne. Von da an fühlte ich mich wirklich zugehörig.

Der Chor tut dem Herzen und der Seele gut. Und es ist schön und wichtig, dass wir viel zusammen lachen können.

Ich denke zurück an unseren Auftritt im »Schlachthof« zum 15-jährigen Bühnenjubiläum und an das Video. Wir standen da mit erstarrten Gesichtern – außer während des Singens –, bewegten

uns kaum, waren total diszipliniert. Das kam wohl daher, dass wir
zuviel und zu angestrengt geprobt hatten (und kein Gläschen Sekt
vorher getrunken), kurz: Es war schrecklich anzusehen. Ich sah natürlich auch auf mich und sagte mir: Das kommt mir nicht mehr
vor. Also verordnete ich mir ab sofort ein inneres Lächeln, ob ich
Grund hatte oder nicht. Ich denke immer wieder daran, wenn ich
beispielsweise einfach nur so durch die Straßen gehe, mir ein inneres Lächeln zu bereiten. Der Vortrag einer Professorin aus Frei-
burg über das Glück hat mich zusätzlich inspiriert. Seitdem ist es
mir immer präsent, ich achte darauf, das ist nicht schwer. Und es
ist erstaunlich, dass es mir dann auch gleich besser geht und ich
heiter werde. Die Mundwinkel haben dann keine Chance mehr,
sich nach unten zu bewegen.

Apropos Lächeln – da gibt es eine nette Episode um das Lied
über Elisabeth und das neue modische Kleid: »Wenn die Elisabeth
nicht so schöne Beine hätt', hätt' sie viel mehr Freud an dem neu-
en langen Kleid, doch da sie Beine hat, tadellos und kerzengrad,
tut es ihr so leid um das alte kurze Kleid«. Nicht mein Lieblingslied, aber trotzdem macht es mir seit jenem Sonntag in der Seidl-
Villa Spaß, mit diesem Lied aufzutreten. Ich kam mit meinem
neuen langen Sommerkleid zum Auftritt, im Garten sah ich Gudrun am anderen Ende des Weges. Wir gingen aufeinander zu mit
einem leichten Schmunzeln im Gesicht, weil wir von weitem sahen, dass wir uns sehr ähnlich sind. Dann standen wir voreinan-
der und lachten, lachten, lachten. Wir hatten die gleichen Kleider
an, nur Gudrun hatte ihres erheblich gekürzt. Begegnen sich ansonsten zwei Frauen im gleichen Kleid, ist es ja oft so, dass sie das
als schrecklich peinlich empfinden. Wir kamen sofort auf die Idee,
diese Kleider als Requisite zu begreifen. Da die »Elisabeth« an diesem Tag im Repertoire war, bauten wir sie sofort ein. Den anderen Mädels vom Chor sagten wir dann noch, dass wir diese Büh-
nenkleidung von der Chorkasse gekauft hätten. Stimmte natürlich

nicht. Das ist jetzt über zehn Jahre her, und seitdem hüten wir diese leicht brüchigen Kleider, die nur noch zu diesem Lied beim Auftritt angezogen werden.

Eigentlich ganz witzig, dass ich damals als Älteste die Jüngste mit in den Chor gebracht habe. Jutta ist nach zwölf Jahren gegangen und hat den Chor auf der Bühne beim 20-jährigen Jubiläum mit einem musikalischen Abschiedssong, wie es ihr im Chor so erging, überrascht, der das Publikum begeistert und uns sehr berührt hat (siehe letzte Seite).

Für mich stellt sich schon die Frage, wann ich aufhöre. Einerseits denke ich, es sollte für Jüngere Platz sein. Auf der anderen Seite fällt es mir auch so schwer, den Chor zu verlassen – freiwillig geht ja keine.

Wer sich einmal eingefunden hat in diesen Chor, bleibt einfach gerne dabei ...

ERIKA WERNER, 2. Stimme

C H R I S T I N E   B I E D E R M A N N

Wir nehmen Lebensfreude mit, wo immer wir sie bekommen können

Roswitha lädt mich zu meinem 64. Geburtstag ins Kino ein. Der Film wurde von Gudrun empfohlen. Hiltrud kommt mit meiner Nachbarin Sieglinde ebenfalls, allesamt sind wir Chorschwestern. Die Bescherung ist noch vor der Kinokasse, ich bin erfreut. Später nach dem Kino warten noch Gudrun und Moni beim Italiener auf uns, Anna und Eberhardt im Jazzlokal. Alle vergebens, weil wir noch »spontan« woanders beim Essen sitzen. Dabei handelt es sich um das wohlbekannte Chorchaos. Dieses Mal von mir verursacht.

An diesem Tag trübt es keinem die Laune, denn wir sehen den Film young@heart von Stephan Walker. Und uns verbindet ganz schnell dieses angenehme Gefühl, das wir gut kennen und das sich immer dann einstellt, wenn wir etwas Stimmiges gemeinsam erleben, seien es Proben, Auftritte, Chorreisen oder Geburtstagsfeiern. Und heute, hurra, beobachten wir einmal die anderen, die das gleiche tun wie wir – nämlich singen und damit vor möglichst vielen Leuten auftreten. Gut, sie sind ein bisschen älter als wir, so zwischen 75 und 93 Jahren. Aber sofort, als auf der Leinwand die 93-jährige Eileen Hall loslegt mit ihrem Song »Should I Stay Or Should I Go« grölen wir ins Kinodunkel »Gudrun, sieh mal, wie Gudrun«! Und ab dem Zeitpunkt läuft in unseren Köpfen parallel der Film: der Haidhauser Damenchor in den nächsten Jahrzehnten.

Jetzt vorstellbar und wünschenswert: Die alten Amerikaner dort auf der Bühne machen auf einmal zu denken möglich, was vorher eher vage befürchtet wurde. Gehe ausgerechnet ich mit meiner chronischen Polyathritis weiterhin hüftschwingend auf die

Bühne oder lasse ich mir hochhelfen, um dann im Scheinwerfer-
licht zu intonieren, singen wäre zu hoch gegriffen: »Kinder, heut'
Abend, da such' ich mir was aus, einen Mann, einen richtigen
Mann« oder eher »Es klopft mein Herz bum, bum ... ich hab am
Herzen einen schweren Knacks« oder »Du musst die Männer
schlecht behandeln«? Welche Männer? Da gibt es Zweifel. Alle
wie weggesungen von der 84-jährigen Schwarzen Dora Marrow –
Mutter von 13 Kindern, 23 Enkel und Urenkel – durch die James-
Brown-Version von »I Feel Good«.

Der Regisseur dieses uns mitreißenden Films, Stephen Walker,
wollte eigentlich schon lange einen Film über das Alter drehen,
als ihm der 1982 gegründete Chor aus Northhampton, Massachu-
setts, von Menschen jenseits der sechzig im Jahr 2005 begegnete.
Da waren die Protagonisten schon über zwanzig Jahre mit weltbekannten Hits erfolgreich durch die USA und Europa getourt.
Und das Drehbuch zum Film schrieb allemal das Leben selbst.
Während der Dreharbeiten starben zwei Chormitglieder.

Ja, ja, Freundinnen, das Gründungsjahr liegt nur zwei Jahre von
unserem entfernt. Zu einem Zeitpunkt, an dem wir uns noch für
unsterblich hielten.

Unsere lieben Toten könnten ein anderes Lied davon singen.
Zuerst mussten wir uns von Angelika verabschieden, von Beate,
einem Chorfreund, einem Chorkind und von Christiane. Manchmal habe ich gedacht, »jetzt musst du gehen, sonst reißt dich der
Strudel noch mit«. Wir haben uns gegenseitig gestützt, getröstet,
gehalten. Und weiter gesungen – auch mit »Erding Moos«, Norberts Rock'n'Roll-Band. Wir nehmen halt Lebensfreude mit, wo
immer wir sie bekommen können.

Die Musik als Lebenselexier mit all ihren Facetten haben wir
schon lange entdeckt. Da wird gesungen, getanzt, gefiedelt, ge-
trötet und abgehottet, was Zeug und Glieder halten. Ich zum Beispiel kann mit meinem Rheuma keine Treppe schmerzfrei gehen,

aber ebenerdig gebe ich den Tanzbären. Es sind eben nicht nur die Kleider weiter geworden, auch die Erfindungsgabe zum Ablenken von körperlichen Hindernissen hat sich vergrößert. Das kriegen wir schon hin.

Zurück zu young@heart: Es musikalisch bis zur Ekstase zu bringen, mag im Alter nicht Ziel sein, aber die überschäumende Version von Allen Toussains 70er-Jahre-Hit »Yes, We Can Can« erzeugt beim Publikum unbegrenzte Begeisterung – und bei mir viel Mitgefühl für die mühsamen Proben. Zu diesem Thema sagt Hiltrud nach dem Film bei abklingender Euphorie sinngemäß: Auch wir brauchen eine harte Hand. Die alte Diskussion, die schon immer die Chorproben durchzogen hat, flackert wieder auf: Kreativität entsteht nur in Freiheit ohne Druck – contra – erst muss alles musikalisch sitzen, dann kann die Kreativität beginnen, das heißt, erstmal diszipliniert arbeiten, dann improvisieren. Weder das eine noch das andere ist uns so recht geglückt. Ein Teil des Chors war immer unzufrieden, die jeweilige Chorleitung immer genervt.

Jetzt werden wir es auch noch schaffen, gemeinsam einigermaßen gut gelaunt älter zu werden. Meine Kinder jedenfalls freuen sich immer, wenn ich in den Chor gehe. Sie wissen, Mama hat dort eine gute Zeit, bleibt bei Laune und stellt sonst nichts an.

CHRISTINE BIEDERMANN, 1. Grundstimme

CHRISTINE STRALKA

Gemeinsam werden wir älter – oder: Warum geht das Mieder nicht mehr zu?

Da standen sie auf einem Holzpodest. Ich sah 40 Beine, gebräunt und glänzend wie feinste Seide. Hochsommer. Die Kleidchen waren kurz und bunt, wippten bei jeder Bewegung. 40 – meist wohlgeformte – Knie beugten und streckten sich zum Rhythmus »Oh Donna Clara, ich hab' dich tanzen geseh'n …«

Ein Tango.

Die Lippen der 20 jungen Frauen, alle um die 30, leuchteten in verheißungsvollen Rot-Schattierungen. Ihre Augen blitzten vor Begeisterung, die Hüften kreisten aufregend von schmal bis üppig, dem Takt angemessen. Und das Erfrischendste: Die Mädels da oben auf der Bühne waren berauscht von ihrem eigenen Gesang, und die Funken sprangen wie kleine Kugelblitze auf die Zuhörer über …

»Wie heißt denn diese lustige Meute?« fragte ich meine Freundin Gabi, die nur eine auf dem Podium kannte: Christlieb, die Klavierspielerin, die in einem hautengen, sexy schwarzen Lederkleid, mit silbernen Nieten bestückt, die Tasten bediente.

»Irgendwas mit Silberner Mond«, raunte sie mir zu …

Ich hatte im Schulchor gesungen und bei der Carmina Burana die Triangel geschlagen. Und fand, dass dies die richtige Voraussetzung für eine »erwachsene« Sängerkarriere sei. Diese Truppe hatte so was Schräges, Unangepasstes an sich. Und verströmte soviel Energie, dass es mich von dem Sitz des Plastikstuhls, auf dem ich klebte, hochhob. Es war klar: Ich musste dazugehören!

Kurz gesagt: Einige Monate später, nach einer Eignungsprüfung – ich musste vorsingen – war ich ordentliches Mitglied des Haidhauser Damenchors »Silberner Mond«. Das war Ende 1984.

Heute stehen wir bei Auftritten noch immer auf dem einen oder anderen Podium, mal höher, wie im Münchner Schlachthof, mal niedriger, wie bei Heppel & Ettlich. Und neben dem Gesang – das zeigt uns immer wieder die perfekt trainierte modische Trendsetterin und Sängerin Madonna (jetzt auch schon 50) – ist bei Konzerten die Optik der Künstlerinnen wichtig.

Deshalb übernahm ich begeistert den Part der »Maskenbildnerin«. Ich mag es, Frauen mit ein paar Pinselstrichen noch schöner zu machen, als sie es sowieso sind – oder ihre Persönlichkeit zu unterstreichen.

Aber mit den (unseren) Jahren ist mein Schminkpart zu einer echten Aufgabe geworden. Reichte vor zehn Jahren noch ein kleines Täschchen mit etwas Puder für glänzende Nasen aus – und eine Rouge-Palette, um den Alltagsstress wegzuzaubern –, komme ich heute zu Auftritten schon mit einem professionellen Schminkkoffer, der auf drei Etagen mit Tuben und Tiegeln vollgestopft ist.

Die Zeit ist ein hinterhältiger Dieb. Zuerst gibt sie uns alles – verwöhnt uns mit praller Haut und straffen Muskeln – und plötzlich raubt sie uns das Jugendliche, stupst sie uns auf ein Wort, das Anti-Aging heißt. Der einzige Trost: In der Kosmetikindustrie spricht man von dieser Haut als »reif« und nicht als »alt«.

Das Leben ist eben ungerecht. Nachdem wir Chorfrauen tapfer Beruf, Kinder, Ehemänner (und dies noch alles gleichzeitig) gemanagt haben, die so genannten Wechseljahre bravourös meisterten (bis auf ein paar junge Neuzugänge, denen das noch bevorsteht), verzweifele ich beim Schminken oft an unseren »reifen« Augenlidern.

Zum Beispiel wäre ein strahlend-lila Lidschatten (zu den Brauen hell auslaufend) zu dem gewagt ausgeschnittenen 30er-Jahre-Outfit meiner Chorschwester wirklich passend. Aber ich frage mich beim Auftragen der Farben jedes Mal: Was hat sich der liebe Gott dabei gedacht, uns ab 50 mit dem kleinen Streifen überschüssiger Haut gerade an den Oberlidern zu beglücken? Es ist einfach eine bösartige Fehlentscheidung dieses Mannes ... Wie soll denn beim Blinzeln Lidschattenpuder halten – ohne zu verschmieren?

Noch gemeiner ist, dass der Chef im Himmel den weiblichen Genen befahl, die schmalen Taillen, die früher zehn Zentimeter breite Goldgürtel schmückten, in der zweiten Lebenshälfte wachsen zu lassen. Deshalb gehen auch die raffiniertesten Mieder nicht mehr zu, egal wie stark die Stäbchen sind und wie breit man die Häkchen aufbiegt.

An dieser Stelle sind selbstverständlich wieder einige wenige, richtig schlanke Damen im Chor ausgenommen. Aber denen nimmt der Rest sowieso übel, dass selbst der Erleichterungsschluck in Form einiger Pilse oder Weißweine nach getaner Probenarbeit nicht auf ihren zarten Rippen landet. Sondern dass der Alkohol sie einfach wie ein Hauch durchweht, noch nicht mal die Lider am nächsten Tag anschwellen lässt. Das Leben ist eben ungerecht.

Diese schlanken (und auch die anderen) Damen tragen bei unseren Auftritten fetzige Kleider mit und ohne Decolleté. Die stammen oft aus der Mottenkiste einer verstorbenen Tante oder Oma, sind wild gemustert, manches Mal auch mit ausgedünntem Pelz besetzt, was uns in keinster Weise stört. Authentisches aus den 20igern und 30ern erstöbern wir zudem in Second-Hand-Läden. Zu diesen Outfits tragen wir auf der Bühne große oder kleine Hüte, was ein starkes, individuelles Bild ergibt.

Unser Aufzug veranlasste nun die hochadelige Frau Wally, Präsidentin der »Mini Music-Hall de Montmartre« in Paris, eine Stilkritik an uns vorzunehmen, nachdem sie uns bei einem Privatauftritt gelauscht hatte.

»Liebe, sympathische Sängerinnen« schrieb sie uns, »wenn Sie bei mir auftreten wollen, müsste schon am Anfang auf der Bühne der Vorhang offen sein. Die Pianistin kommt, grüßt und setzt sich an einen Flügel, der in der Mitte der Bühne steht. Dann kommen die Sängerinnen langsam von rechts und links. Und die Zuschauer werden nicht plötzlich durch die Menge bunter Hüte erschreckt.«

Pardon, Frau Wally, wir wussten bis dato nicht, dass ausgerechnet die vergnügungssüchtigen Pariser so schreckhaft sind.

Frau Wally hatte aber auch als selbsternannter Stil-Guru etwas gegen unsere individuelle Kleider-un-ordnung. Der Brief geht weiter: »... Alle Kleider der zweiten Stimme müssten Schwarz sein – mit weißen Knöpfen. Alle ersten Stimmen tragen Weiß mit schwarzen Knöpfen. Und niemand darf mit Brille auftreten – es gibt Kontaktgläser. Einen Abend kann man ohne Brille leben.«

Frau Wally hatte also von dem Chor eine etwas einheitliche Ansicht, die wir nicht ganz teilten. Und bevor eine von uns ohne Brille, dafür aber in einem dunklen Sackkleid mit großen Knöpfen auf dem Montmartre rumstolpern musste, hat Gudrun, unsere Chorgründerin, den Auftritt sehr elegant abgesagt.

Das Motto dieses kurzen Einblicks heißt »Gemeinsam werden wir älter«. Ich freue mich, dass ich nicht alleine in Richtung 100 Jahre schreite.

Und wenn heute jemand fragt, wie lange wir noch auf der Bühne stehen wollen, kann ich nur antworten: »Schaut mal in den Memoiren der Fürstin Metternich nach.«

Als sie gefragt wurde, wann bei Frauen das Verlangen nach Fleischeslust aufhöre, antwortete sie: »Ich weiß es nicht, ich bin erst 65.«

Nun könnte man anmerken – was haben der Chor und unsere Auftritte mit leidenschaftlicher Liebe zu tun?

Einiges.

CHRISTINE STRALKA, 1. Stimme

Der Chor und
die Männer

Männer! »You can't live with them and you can't live without them« heißt es im Englischen. Wie wahr! Und deshalb wurde am Anfang des Chors beschlossen: Männer – im Publikum ja, aber nicht im Chor. Denn wir wollten ja länger in Frieden miteinander singen. Männer bringen nur Unruhe in den Chor, sei es, weil sie anders ticken als Frauen oder weil die Frauen in Zickenmanier um den Mann kämpfen – Streit ist in jedem Fall programmiert und das Ende des Chors schon bei der Gründung in Sicht. Wir sind ein Damenchor, da haben Männer nichts verloren. So weit die Theorie – aber wie sieht's denn wirklich aus mit dem Chor und den Männern?

Zunächst wären da unsere diversen Chormänner. Was wären wir ohne sie, unsere strengsten Kritiker, unsere ausdauerndsten Claqueure, unsere Packesel und Helfer in der Not. Sei es Hiltruds Norbert, der uns bei der Technik genauso unentbehrlich ist wie zum Transport unseres Pianos, oder Christliebs Uller, der uns mit dem Sachverstand eines Chorleiters lobt, oder aber unsere Juristengatten, die schon seit Jahren ihre Fachsimpeleien zugunsten der Chordarbietungen vernachlässigen, um uns danach freundlichkritische Kommentare zu liefern. Auch erinnere ich mich gut an einen Chormann, der zwar einen Zigarillo unserem Auftritt vorzog, diesen aber behängt mit ca. 10 Damenhandtaschen in der lauen Nachtluft am Deininger Weiher genoss, da wir eines zuverlässigen Bewachers unserer Preziosen bedurften. Selbst einen Chorleiter in spe hatten wir schon, als unsere Chorleiterin Jutta das typische Frauenschicksal ereilte – Babypause. Unvergesslich bleiben die Auftritte, bei denen Anatol strahlend vor Vergnügen in der ersten Reihe saß und seine Schäflein nach jedem Lied vehement beklatschte. Uns alle, und vor allem ›Christliebchen‹, wickelte er charmant um den Finger und brachte uns so zu Höchstleistungen. Nicht zu vergessen die Rolle als Sponsor unseres Chors, in der sich in jüngster Zeit ein geschätzter Chormann wiederfindet – Nachahmung durchaus empfohlen.

Des weiteren wären da unsere Lieder, allesamt geschrieben und getextet von? – richtig, von Männern. Walter Kollo, Theo Mackeben, Fred Raymond, Fritz Grünbaum, Beda – und immer wieder Friedrich Hollaender. Nicht alle haben das Dritte Reich unbeschadet überstanden, aber durch ihre Texte und Lieder bleiben sie unvergessen.

Ja, und wo wären wir ohne die Männer in unseren Liedern? Wir leihen ihnen unsere Stimme in ihrem Liebestaumel: *Leila* und der bleiche Legionär oder *Ich hab' das Fräul'n Helen baden seh'n*, bei ihren Avancen: *Lass mich hinein, du Schlanke, Schmale mal in die Zentrale* – (na, eindeutiger geht's ja wohl nicht mehr), bei ihrer Eifersucht: *Guck doch nicht immer nach dem Tangogeiger hin*, bei ihren Seitensprüngen *In der Bar zum Krokodil*, als Warnung: *Nimm dich in Acht vor blonden Frau'n* oder gar bei einem Mordkomplott in der *Klara-Sahara:* ein Löwe macht die Drecksarbeit und futsch ist die Klara, *welch Glück!*

Meistens aber sind sie Gegenstand der Lieder, verehrt im *Bel ami*, angeschmachtet im *Waldemar*, beklagt und ertränkt im Alkohol im *Egon*, Objekt der Begierde in *Lass mich einmal deine Carmen sein* und so weiter und so weiter.

Und auch in den Liebesliedern sind sie immer mit dabei, denn zur Liebe gehören ja bekanntlich zwei: *Kann denn Liebe Sünde sein?*, *Unter den Pinien, Es klopft mein Herz bum bum, Für eine Nacht voller Seligkeit*, selbst bei dem finalen Streit *In einer kleinen Konditorei*.

Selten, dass die Männer kritisch beleuchtet werden wie im haarlosen *August* oder im trampeligen *Hans mit dem Knie beim Tanz*.

Viel eher sind sie unsere Helden wie in *So ein Mann zieht mich unwahrscheinlich an.*

Ja, so steht's also in Wirklichkeit mit dem Damenchor und seinen Männern: we can't live without them.

Und um das Ganze noch zu toppen, haben wir jetzt auch noch einen Mann als Chorleiter, der uns die Flötentöne beibringt. Was sagt man – oder frau – dazu? Allerdings haben wir uns, eingedenk der Warnungen aus unseren Choranfängen, nicht jemanden unseres Alters gesucht, man weiß ja nie ..., sondern ein vielversprechendes Exemplar der nächsten Generation, Thomas – nur Almut darf ihn Tommy nennen. Von Zeit zu Zeit seh'n wir den Jungen gern und hüten uns, mit ihm zu brechen, um etwas abgewandelt mit Mephisto zu sprechen. Damit wir uns aber nicht falsch verstehen, wir sind nicht der Club der Teufelinnen, auch wenn wir ab und zu *Männer schlecht behandeln,* denn *dann sind sie lieb und gut zu uns –* und was wollen wir mehr?

SYLVIA WALTER

P.S.:

Liebe Sylvia,

die knackigsten Sachen hast Du, weil Du so fein bist, wohl mit Absicht nicht erwähnt. Die Männer haben nicht nur unsere Handtaschen gehalten, oft auch mehr als unsere Händchen. Weißt Du noch, wie es auf Capri in dem tollen Musikclub zu einem mehr als nur gesanglichen Duett gekommen ist? Und wie damals in der Brauereigaststätte im Münchner S-Bahn-Bereich der Küchenchef außer Rand und Band geriet ob einer Chordame?

Unvergesslich auch die Nacht nach unserem Auftritt in der Wiener Hofburg, als es zum charmanten, ja leidenschaftlichen Zusammenstoß mit einem lyrischen Tenor aus Sidney und einem Dichterfürsten aus Moskau kam. Dann fällt mir noch Paris ein, die Halloween-Nacht, die wir durchtanzten und der Rastaman mit den weichen Pfötchen miezekatzengleich sich an uns schmeichelte – aber »lost in translation«. Und hast Du vergessen, als in Budapest am nächsten Mittag eine von uns im Abendkleid vom Vortag in den Thermen des Gellert-Hotels auftauchte? Ich könnte Seiten füllen mit diesem Thema, aber wir haben uns versprochen – Diskretion.

Herzlichst Deine Christine

Nachwort

Die Damenprobennacht

Leise schlägt die Uhr die achte Stund', die Damenwelt erwacht,
heut' ist im Museum wieder einmal Damenprobennacht;
die Christlieb ist seit halb neun da
und wartet auf die Damenschar,
man ratscht und lacht und ist gut drauf und harret der Probe.

Leise fangen wir das Singen an mit diwi und dua;
Ach, die Höhen und die Tiefen sind ja wunderbar.
Solo hier, gleich mit Klavier, wie die Stimmen wieder klingen,
Leise schlägt die Uhr die neunte Stund', die Damenwelt ist nun erwacht!

Und bei der Probe schwätzen die Soprane, ratschen auch die Zweiten,
trinken auch die Tiefen bis spät nachts.
Und bei der Probe brüllen die Soprane, lachen gern die Tiefen,
üben viel die zweiten bis spät nachts.
Und ich sage immerfort: » Mädels, man versteht kein Wort«
Darauf fällt 'ner Dame ein: »Muss dies Lied denn wirklich sein?«
Und währenddessen schwätzen die Soprane, ratschen auch die Zweiten,
gibt es dann ein Sektchen bis spät nachts!

Leise schlägt die Uhr die zehnte Stund', die Probe schreitet fort,
und so langsam sind jetzt alle Damen hier am Probenort
Die Angie nickt, die Siggi nickt,
der Text ist wieder mal verzwickt;
Wer singt es gut, wer hat den Mut, oh, wie ich es liebe!

Leise schlägt die Uhr die elfte Stund', und mit viel Eleganz
Tanzt ihr durch den Raum, vergesst dabei den Stimmenglanz!
Ein Schritt da und ein Ton hier, liebenswert seid alle ihr!
Plötzlich schlägt es zwölf und wie im Traum ist alles wieder
still im Raum!

JUTTA MICHEL-BECHER

Mit diesem umgetexteten Lied verabschiedete sich Jutta im Juli 2004
nach zwölf Jahren musikalischer Chorleitung von uns, vorgetragen im
Münchner »Schlachthof« zur Melodie der »Puppenhochzeit« anlässlich
des zwanzigjährigen Bestehens des Haidhauser Damenchors
»Silberner Mond«

Anhang

Was den Chor zusammenhält

Eine Gruppe von mehr als zwanzig Frauen aus unterschiedlichsten sozialen Kontexten, jede einzelne eine eigenwillige Persönlichkeit – was hält die über den schier unglaublichen Zeitraum von 25 Jahren zusammen? Ganz einfach: Es ist Gudrun. Sie gleicht aus bei Konflikten, hält Kontakt, wenn eine sich innerlich entfernt, gibt liebevoll Anstöße, wenn allgemeine Lethargie droht. Bestes Zeugnis dafür sind ihre Rundbriefe, an die »lieben Chorschwestern«, »Chorfreundinnen« – eine Chorchronik für sich.

Liebe Chorfreundinnen,

Schön wär's, wenn wir mehr
sind als beim letzten Mal, wo viele zu Hause geblieben sind,
die meisten davon krank im Bett.
Ich hoffe nicht, dass der Auftritt daran schuld war, denn der
war ja doch sehr gut, wie uns viele aus dem Publikum glaubhaft
versichert haben. Was wollen wir mehr?
Ja was? Doch, wir wollen mehr, ich jedenfalls will mehr: dass
wir uns schätzen, Raum geben (auch auf der Bühne, egal wie
klein), gern haben, respektieren, aufeinander freuen, tolerant
sind gegeneinander, besser: füreinander, auch was das Buch
betrifft. Nicht jeder gefällt der Beitrag der anderen, wäre ja
noch schöner, wenn es so wäre, dann wär's ja nicht mehr
individuell, vielschichtig und bunt, wie wir ja nun mal sind.

Herzliche Grüße

Eure Gudrun.

Liebe Dame und Freundin,

der 13. Dezember naht, der Abend unseres großen Festes im
Hofbräukeller am Wiener Platz, zusammen mit der legendären
Rockband "Erding Moos"...
Und da möchten wir nicht nur alle unsere Freunde treffen,
sondern auch mal die Töne. Das wäre doch wirklich eine ge-
lungene Überraschung für das sehr verehrte Publikum nach
dreizehneinhalb Jahren. Zu diesem Zweck müssen wir üben,
üben, üben, mit Lust und Einsatzfreude, mit dem Wunsch,
richtig (und) schön zu singen - mit Christlieb am Klavier

        Das hat zwar noch viel Zeit, aber wir alle wissen,
wie schnell die Zeit vergeht, wobei das so nicht stimmt:
denn das Leben vergeht, nicht die Zeit, die ist immer.
Zurück in die Realität - lasst uns fleißig üben, Ohren
spitzen, Texte können und kommen, wenn's irgendwie möglich ist.

' Liebe Grüße

    Eure Gudrun .

Liebe Chorschwestern,

letzten Montag war es sehr harmonisch.
Wir haben über Verschiedenes gesprochen und einiges
einstimmig beschlossen:
1.Wie immer fangen wir pünktlich am Montag um neun Uhr an zu singen.,
das heißt,daß wir um acht da sind.
2.Der Schlüssel wird ein'Wanderpokal',dabei geht es nicht alphabetisch
vor,sondern:Die letzte bekommt den Schlüssel fürs nächstemal.
3.Wer überhaupt nicht kommt,darf unser neustes Lied am nächsten Montag
allein vorsingen.
4.Das Rauchverbot gilt weiterhin,das Alkoholverbot steht im Raum,während
das Ratschverbot mit sofortiger Wirkung in Kraft tritt.

Du kleines Girl vom Chor... ja, so heißt das Lied, das wir
gerne bis zum 17. Juli können wollen möchten müssen. Und schon
bin ich mittendrin in einem Rundbrief. Letzter Montag war Lust,
erstmal war nur die Hälfte der Frauen da, dann erscholl der
Ruf nach Führung, Anna hat uns allen dazu geschrieben. Ich stimme
voll überein, wir können es selbst, bestes Beispiel: Monis souve-
räne Korrektur am "Papagei"... Wenn wir einander achten, schätzen,
zuhören, selbst etwas dazu beitragen und nicht immer warten, bis
etwas bestimmt wurde, gegen das man dann gut vorgehen kann, weil
man ja nicht dabei war, es nicht gewußt hatte, nicht gefragt wurde.
Die Fragen sind immer dieselben: Warum weiß ich das nicht? Warum
hat mir keiner was gesagt? Oder: Das höre ich zum erstenmal, wann
wurde das beschlossen? Generell läßt sich dazu sagen: Montag. Und
wer Montag nicht da war, kann sich informieren. Nicht umgekehrt,
also erwartet bitte nicht, daß alles automatisch geht...

Liebe Frauen,   Mittwoch, 15. 3.89

am letzten Montag haben wir unter anderem über unseren
letzten Schlachthof-Auftritt gesprochen, nicht ohne Selbstkritik und Kritik, aber niemals verletzend. Und wir waren
uns alle einig, daß wir uns nie einig sein werden, aber
daß das kein Problem ist, wenn wir uns akzeptieren. Und
daß das möglich ist, haben wir selbst am letzten Montag
erfahren. Es war ein schöner Abend...

Ich habe nicht geschafft, diesen Brief eher zu schreiben, da mich
ein Fieber auf die heiße weiße Matte geworfen hatte.
Nun wünsche ich mir, uns gute Stimmung, musikalisch, menschlich,
wer ein Fax hat, bekommt die Zeilen jetzt, die anderen am Montag,
die nicht Anwesenden per Post,
liebe Grüße,
Eure charmante süße Gudrun (das ist jetzt ironisch gemeint)

Was mir noch einfällt: Wir sollten höflicher, freundlicher
und, wenn's manchmal auch schwer fällt, toleranter miteinander umgehen.

Ich zitiere Doris: Nicht gleich persönlich beleidigt sein,
wenn mal was kritisiert wird.
Auch nicht neidisch sein auf Solo-Stimmen! Nicht jede
traut sich ein Solo zu (warum eigentlich nicht?)

da der Wunsch nach einem Rundbrief laut wurde, schreibe
ich jetzt einen, und vor allem weil doch immer wieder
einige von uns nicht wissen, was eigentlich allen bekann
sein dürfte.

Ich hab' auch noch 'nen Vorschlag zu machen von wegen der besse-
ren Kommunikation. Jede kennt es, man war nicht da und hat nicht
mitbekommen, was besprochen wurde, steht dann aufeinmal vor voll-
endeten Tatsachen, so erscheint es einem dann jedenfalls. Aber so
ist es natürlich nicht, weil alle Dinge Montags zur Sprache kommen.
Und damit jede weiß, was da immer so los war. wär's
fachsten, wenn die Abwesen

Lilli hat die Fahrkarten, ist wie immer unsere Zugführerin.
Christine Stralka macht die Ansagen. Und wir freuen uns auf
diese Chorreise mit Auftritt, so sollten wir das sehen. Und im
Zug haben wir genug Zeit, um noch Texte zu lernen.
Nun wünsche ich uns eine gute Zeit miteinander,

Eure Gudrun

3. Mai 2004

Liebe Chorfreundinnen
nun wird's ernst hätte ich beinah gesagt
nein, nun fangen wir wirklich an, es
ist nicht mehr viel Zeit für unser Ju-
biläum. Also alle kreativen fleißigen
lernfreudigen Chordamen geben wie immer
ihr Bestes, das wünscht sich Gudrun,
d.h. das sollte sich jede wünschen....

Probenplan Damenchor bis Juli 2004

. Ihr seht, es ist viel zu tun, ich will nicht
zum 317. Mal betonen, dass die Texte gelernt sein sollen und
auch nicht, dass es wichtig ist, dass Alle kommen - das wisst
Ihr ja sowieso. Ich wünsche uns allen ein heiteres Wiedersehen
und einen guten Workshop, bis Montag,
ganz herzliche Grüße aus dem heißen, sonnigen München, kurz
vor Fronleichnam, *Eure Gudrun.*

Und da alle immer wissen möchten, was wir singen, sei schon
mal soviel gesagt: alle unsere Hits und zwar nur die, die
sitzen. Was in der Probe nicht klappt, wird fallengelassen.
Anbei mal eine vorläufige Liste, die natürlich im Laufe der
Probenarbeit noch geändert werden kann, ergänzt, ausgetauscht,
gestrichen. Es liegt bei uns. Und natürlich gibt es Vieles,
was auch ganz toll ist und den berechtigten Einwand: Warum
singen wir denn das nicht? Oder das? Warum ausgerechnet das?
Fragen, die immer wiederkehren und immer lapidar beantwortet
werden: Weil wir nicht alles was wir wollen singen können.
Also lasst uns alle in guter Laune die Proben erleben, durch-
stehen und die Meinungen anderer gelten lassen, ich meine:
zuhören und nicht gleich niedermachen. Aber das probieren wir
ja auch schon seit über zwanzig Jahren.
Herzliche Grüße
Eure Gudrun.

Bibliografische Information der Deutschen Nationalbibliothek
Die Deutsche Nationalbibliothek verzeichnet diese Publikation in der
Deutschen Nationalbibliografie; detaillierte bibliografische Daten sind
im Internet unter http://dnb.d-nb.de abrufbar

ISBN 978-3-837091-57-1

Fotos: Peter Eising, Peter Frese, Hans Hirtreiter, Alexander Jesipov, Kai Mahrholz,
Knut Marsen, Ferdinand Richter, Uwe Suthmann, Willi Weiss, Privatarchive

Gemälde S. 94/95: Anna von Wesendonk von Pechmann

Mitwirkende: Margit Bandlow, Christine Biedermann, Roswitha Braun-Lacerda,
Sieglinde Einödshofer, Rozsika Farkas, Monika Gebhart, Gisela Groß, Maria Habres,
Nadine Kagerer, Christlieb Gilka-Bötzow-Krötsch, Gudrun Lukasz-Aden, Almut
Mahrholz, Anna von Wesendonk von Pechmann, Lilli Richter, Ingeborg Scheibe,
Monika Schifferdecker, Erika Spieß, Hiltrud Stockhausen, Christine Stralka,
Sylvia Walter, Angie Weindorf, Angela Weiss-Greither, Erika Werner

Titel: Peter Frese und Almut Mahrholz, München

Gestaltung, Typografie und Satz: Peter Frese, München | www.frese-werkstatt.de

Herstellung und Verlag: Books on Demand GmbH, Norderstedt